十天搞定
考研词汇

王江涛　刘文涛 编著

配套
默写本

浙江教育出版社·杭州

图书在版编目(CIP)数据

十天搞定考研词汇 ：配套默写本 / 王江涛，刘文涛
编著. -- 杭州 ：浙江教育出版社，2024.3
ISBN 978-7-5722-7423-7

Ⅰ．①十… Ⅱ．①王… ②刘… Ⅲ．①英语－词汇－
研究生－入学考试－自学参考资料 Ⅳ．①H313

中国国家版本馆CIP数据核字(2024)第036854号

十天搞定考研词汇 配套默写本
SHITIAN GAODING KAOYAN CIHUI PEITAO MOXIEBEN
王江涛　刘文涛　编著

责任编辑	赵清刚
美术编辑	韩　波
责任校对	马立改
责任印务	时小娟
文字编辑	陈金华
封面设计	黄　蕊
版式设计	大愚设计
出版发行	浙江教育出版社
	地址：杭州市天目山路40号
	邮编：310013
	电话：（0571）85170300－80928
	邮箱：dywh@xdf.cn
印　　刷	三河市良远印务有限公司
开　　本	787mm×1092mm　1/16
成品尺寸	185mm×260mm
印　　张	9
字　　数	164 000
版　　次	2024年3月第1版
印　　次	2024年3月第1次印刷
标准书号	ISBN 978-7-5722-7423-7
定　　价	35.00元

亲爱的考研小伙伴们：

大家好！当你拿起手中这本《十天搞定考研词汇 配套默写本》并开始翻看的时候，说明你已踏上考研复习冲击高分关键阶段的奇妙旅途。

曾经，老师们无数次地告诉你"一道题，你看会了不一定能做对；一句话，你说对了不一定能写对"，如果从考研词汇记忆和复习的角度理解这句话，就是"默写是检验考研真题词汇是否牢固掌握的唯一标准"。因此，在考研词汇复习的关键阶段，考生必须高度重视历年真题词汇拼写的正确性和常考含义的准确性。以考研英语写作为例，无论是英语（一）还是英语（二），平时重视单词默写的同学无疑更有可能在写作上取得好成绩。可以说，考生检验自身考研真题词汇掌握程度的最有效方式就是默写！

我们两位老师合作编著的《十天搞定考研词汇》系列书籍自 2015 年 8 月出版至今，受到了全国考研学子的广泛好评，在当当、天猫、京东、亚马逊等网站的销量常年稳居前列，已连续加印 10 多次，深受广大考生的喜爱。许多考研学子按照书籍前言的指导，通过 10 天或 20 天的"魔鬼式训练"，词汇部分已顺利过关。

许多读者通过微博或微信留言询问我们能否出版《十天搞定考研词汇 配套默写本》，以检验背词效果。恰逢《十天搞定考研词汇 便携版》与《十天搞定考研词汇 乱序版》再版之际 [再版图书以最新考研大纲中的词汇和词组为基础，全面收录自 2003 年至今所有英语（一）、英语（二）考研真题词汇和考点搭配]，应广大考生的迫切需求，我们在繁重的教学之余，历经数月，终于将《十天搞定考研词汇 配套默写本》呈现在广大考生面前，希望这本书能成为大家考研复习过程中不可缺少的工具书。

我们精心编写此书的目的就是为了进一步减轻考研学子的背词负担，有效检验背词效果，进而解决单词记忆过程中的拼写和遗忘问题，让考研学子用最短时间突破真题词汇和考点，把更多时间用在反复演练真题上。

本书有如下两大特色：

1. 本书为《十天搞定考研词汇　便携版》和《十天搞定考研词汇　乱序版》的配套使用书籍，适用于备考考研英语（一）和英语（二）的所有考生，无论考生基础如何，均可搭配这两本书灵活使用，以随时检测背词效果，巩固薄弱之处。建议广大考生将每次默写错误的单词收集汇总、特别标记，并重点复习。此书在手，考研词汇无忧。

2. 本书内容紧贴《十天搞定考研词汇　便携版》和《十天搞定考研词汇　乱序版》这两本书，并考虑到学生使用过程中的实际需求，将每页正面内容设置为"英译汉——根据英文单词默写中文常考含义"，将每页反面内容设置为"汉译英——根据中文常考含义默写英文单词"。每页正反面内容及顺序完全一致，互测互补——每页正面所列英文单词即为反面应填答案，每页反面所列中文常考含义即为正面应填答案。此书在手，可以让考生们在词汇记忆上达到事半功倍的效果。

《十天搞定考研词汇》系列图书使用建议：

首先，使用《十天搞定考研词汇　便携版》掌握考研核心必考词汇的音标及中文常考含义；

其次，使用《十天搞定考研词汇　乱序版》了解考研核心必考词汇的记忆法、考点搭配及经典真题例句；

最后，使用《十天搞定考研词汇　配套默写本》进行英译汉及汉译英的默写练习，查漏补缺，牢固掌握单词。

希望广大考生搭配《十天搞定考研词汇　便携版》和《十天搞定考研词汇　乱序版》使用本书，坚持不懈、全力以赴，用奋斗的汗水浇灌青春岁月，用梦想的画笔描绘美好的未来。祝广大考生金榜题名，圆梦考研！

北京新东方学校

目录

1 intellect	26 provident	51 coordinate
2 intellectual	27 provider	52 coordination
3 intellectualize	28 contribute	53 coordinator
4 contempt	29 contribution	54 saturate
5 contemptible	30 illiterate	55 acclaim
6 contemptuous	31 allowance	56 fancy
7 ultimate	32 distinction	57 immediate
8 yield	33 diffuse	58 paralyse/paralyze
9 contend	34 extraordinarily	59 paralysis
10 oblige	35 abstract	60 underestimate
11 obligation	36 controversy	61 accompany
12 radical	37 controversial	62 accompanying
13 context	38 controversialist	63 correlate
14 unaffordable	39 psychiatry	64 correlation
15 abdicate	40 psychiatrist	65 neurology
16 transmit	41 convey	66 neurologist
17 transmission	42 illustrate	67 council
18 disruptive	43 capable	68 councilor
19 flattering	44 capability	69 temporary
20 statistical	45 elaborate	70 temporarily
21 ignore	46 manipulate	71 eliminate
22 ignorance	47 strike	72 scholar
23 contradict	48 coalition	73 scholarly
24 provision	49 constituent	74 scholastic
25 provide	50 transparency	75 scholarship

1 n. 智力；知识分子

2 a. 智力的；聪明的

3 vt. 使…理智化

4 n. 轻视，轻蔑

5 a. 可鄙的

6 a. 轻视的，蔑视的

7 a. 最后的

8 n. 产量 v. 出产；屈服

9 vi. 竞争 vt. 声称

10 vt. 强制

11 n. 义务，职责

12 a. 根本的

13 n. 上下文；来龙去脉

14 a. 买不起的

15 v. 退位；放弃

16 v. 传输；传递

17 n. 传输；传递

18 a. 破坏性的

19 a. 奉承的

20 a. 统计 (学) 的

21 vt. 不顾，忽视

22 n. 无知，愚昧

23 vt. 反驳；与…矛盾

24 n. 预防；条款

25 v. 提供，供给

26 a. 深谋远虑的

27 n. 供应者，提供者

28 v. 捐助；投稿

29 n. 贡献；投稿

30 a. 未受教育的

31 n. 津贴

32 n. 区别；特点

33 v. 扩散；传播

34 ad. 非常地

35 a. 抽象的 n. 摘要

36 n. 争论，争吵

37 a. 争论的，有争议的

38 n. 争论者，好争论者

39 n. 精神病学

40 n. 精神科医生

41 vt. 表达；传递

42 vt. 说明，阐明

43 a. 有能力的

44 n. 能力；功能

45 v. 精心制作；详细阐述

46 vt. 操纵；处理

47 v. 罢工；打，击

48 n. 同盟，联盟

49 n. 成分 a. 构成的

50 n. 透明；透明度

51 v. (使) 并列 a. 并列的

52 n. 并列；协调一致

53 n. 协调者

54 vt. 使充满；使饱和

55 vt. 拥立 n. 欢呼

56 v./n. 想象 n. 爱好

57 a. 直接的；立刻的

58 vt. 使瘫痪；使丧失作用

59 n. 麻痹；瘫痪状态

60 n. 估计不足

61 vt. 陪伴，陪同

62 a. 陪伴的；伴随的

63 v. (使) 互相关联

64 n. 关联；相关性

65 n. 神经学；神经病学

66 n. 神经学专家

67 n. 商讨；理事会

68 n. 议员；顾问

69 a. 临时的 n. 临时工

70 ad. 暂时地；临时地

71 vt. 清除；淘汰

72 n. 学者；奖学金获得者

73 a. 学术性的

74 a. 学术的

75 n. 学问；奖学金

76 submission	101 coherent	126 mature
77 submit	102 coherence	127 sympathy
78 hierarchical	103 instinct	128 sympathetic
79 subsidiary	104 deduce	129 endeavo(u)r
80 subsidy	105 feature	130 notable
81 subsidize	106 orchestra	131 notably
82 fascinate	107 supreme	132 license/licence
83 fascination	108 surface	133 outrage
84 decision-making	109 virtue	134 forecast
85 glamo(u)r	110 patent	135 enforce
86 glamo(u)rous	111 adapt	136 enforcement
87 implement	112 nondurable	137 unprecedented
88 accustom	113 susceptible	138 admission
89 sufficient	114 encompass	139 admit
90 sufficiently	115 claim	140 deliberate
91 academy	116 recommend	141 deliberately
92 magnificent	117 collaboration	142 grant
93 stereotype	118 indefensible	143 peer
94 optimistic	119 syndrome	144 enhance
95 acknowledge	120 encounter	145 adult
96 embrace	121 highlight	146 adulthood
97 dedicate	122 ornament	147 nucleus
98 dedicated	123 adhere	148 nuclear
99 legitimate	124 defer	149 apology
100 legitimacy	125 deference	150 apologize

76 n. 提交; 屈服	**101** a. 连贯的; 条理清楚的	**126** a. 成熟的 v. (使) 成熟
77 v. 提交; (使) 屈服	**102** n. 一致性; 连贯性	**127** n. 同情 (心)
78 a. 等级制度的	**103** n. 本能, 直觉	**128** a. 同情的
79 a. 辅助的 n. 辅助者	**104** vt. 推断, 演绎	**129** vi./n. 努力, 尽力
80 n. 补助金, 津贴	**105** n. 面貌; 特征; 特写	**130** a. 显著的 n. 名人
81 vt. 资助	**106** n. 管弦乐队; 管弦乐器	**131** ad. 显著地; 特别地
82 vt. 迷住, 强烈地吸引	**107** a. 极度的; 最高的	**132** n. 许可, 执照
83 n. 迷恋, 陶醉	**108** a. 肤浅的 n. 表面	**133** n. 义愤; 暴行
84 n. 决策	**109** n. 德行; 优点	**134** vt./n. 预报, 预测
85 n. 魅力, 诱惑力	**110** n. 专利 (权) a. 专利的	**135** vt. 执行; 强制
86 a. 富有魅力的, 迷人的	**111** vt. 使适应; 改编	**136** n. 实施, 执行
87 vt. 贯彻, 实施	**112** a. 不耐用的	**137** a. 空前的, 史无前例的
88 vt. 使习惯	**113** a. 易受感动的; 易受影响的	**138** n. 允许进入; 录取
89 a. 足够的, 充分的	**114** vt. 包围; 包含	**139** v. 准许进入; 承认
90 ad. 足够地, 充分地	**115** v./n. 要求; 声称	**140** v. 仔细考虑; 研讨
91 n. 学院; 研究院, 学会	**116** v. 推荐, 建议	**141** ad. 深思熟虑地; 故意地
92 a. 壮丽的; 宏伟的	**117** n. 合作, 协作	**142** vt. 同意; 授予
93 n. 固定模式 vt. 使形成固定看法	**118** a. 站不住脚的	**143** n. 同辈人 vi. 凝视
94 a. 乐观的; 乐观主义的	**119** n. 综合征; 典型表现	**144** vt. 提高, 增强
95 vt. 承认; 致谢	**120** v./n. 偶遇; 遭遇	**145** a. 成熟的 n. 成年人
96 vt. 拥抱; 包括	**121** vt. 强调 n. 最精彩的部分	**146** n. 成年 (期)
97 vt. 奉献; 致力于	**122** vt./n. 装饰, 美化	**147** n. 原子核; 核心
98 a. 献身的; 热诚的	**123** vi. 遵守, 坚持	**148** a. 核能的; 核心的
99 vt. 使合法 a. 合法的, 正当的	**124** v. (使) 推迟; 服从	**149** n. 道歉, 认错
100 n. 合法性, 正当性	**125** n. 顺从; 尊重	**150** vi. 道歉, 认错

151 gratitude

152 sacred

153 gratify

154 gratification

155 character

156 characterise/characterize

157 characteristic

158 withdraw

159 democratic

160 democratize

161 throughout

162 overestimate

163 demonstrate

164 demonstration

165 regard

166 regardless

167 ensure

168 timescale

169 set

170 setting

171 appreciative

172 donation

173 irrational

174 prohibition

175 perpetual

176 perpetuate

177 unrecognized

178 perplex

179 regulate

180 regulatory

181 regulation

182 regulator

183 entire

184 cntirely

185 ineffective

186 perspective

187 envision

188 guarantee

189 guaranteed

190 token

191 empirical

192 lenient

193 leniency

194 artificial

195 blaze

196 impatience

197 predominance

198 predominantly

199 calculate

200 robot

201 robotic

202 sophisticated

203 international

204 appease

205 anonymous

206 emit

207 emission

208 agricultural

209 nonagricultural

210 famous

211 poem

212 volatile

213 rhythm

214 recite

215 deadline

151	176	201
n. 感恩, 感谢	vt. 使永久	a. 机器人的
152	177	202
a. 神圣的; 值得崇敬的	a. 未被承认的; 未被认出的	a. 精密的, 尖端的, 复杂的
153	178	203
vt. 使满意; 满足	vt. 使困惑; 使复杂化	a. 国际的
154	179	204
n. 满足; 满意	vt. 控制; 调整	vt. 使平息, 安抚
155	180	205
n. 性格; 人物	a. 控制的; 调整的	a. 无名的; 匿名的
156	181	206
vt. 具有…的特征	n. 管理; 规章	vt. 发出 (光、热、声音等)
157	182	207
n. 特性, 特征, 特点	n. 管理者; 调整者	n. 排放
158	183	208
vt. 收回 vi. 撤退	a. 完整的; 全部的	a. 农业的
159	184	209
a. 民主的; 民主政体的	ad. 完全地, 彻底地	a. 非农业的
160	185	210
vt. 使民主化	a. 无效的	adj. 著名的
161	186	211
prep. 遍布; 贯穿	n. 视角, 看法	n. 诗歌
162	187	212
v. 评价过高	vt. 想象, 设想	adj. 易变的; 易怒的
163	188	213
v. 示威游行; 证明	vt. 保证; 担保	n. 节奏, 韵律
164	189	214
n. 论证, 证明; 显示	a. 保证的; 担保的	v. 背诵; 详述
165	190	215
n. 关心; 尊重 vt. 看作	n. 标志, 象征	n. 最后期限, 截止日期
166	191	
a. 不注意的; 不关心的	a. 经验 (主义) 的	
167	192	
vt. 保证, 确保	a. 宽大的; 仁慈的	
168	193	
n. 时长	n. 宽大; 仁慈	
169	194	
vt. 安装; 安置	a. 人工的, 人造的	
170	195	
n. 设定; 环境, 背景	n. 火焰; 火光	
171	196	
a. 欣赏的, 感激的	n. 急躁	
172	197	
n. 捐赠	n. 优势	
173	198	
a. 无理性的; 荒谬的	ad. 主要地	
174	199	
n. 禁止; 禁令	v. 计算, 核算	
175	200	
a. 永久的; 长期的	n. 机器人	

1. humble
2. instrument
3. instrumental
4. instrumentally
5. instrumentalist
6. overturn
7. inevitable
8. inevitably
9. upset
10. upsetting
11. flexible
12. flexibly
13. flexibility
14. prescribe
15. prescription
16. infect
17. infection
18. relevant
19. wrinkle
20. equivalent
21. deserve
22. inferior
23. advisory
24. conviction
25. ethos

26. outline
27. representative
28. undercover
29. alien
30. prestige
31. prestigious
32. reluctant
33. allege
34. allegation
35. loyal
36. loyalty
37. alleviate
38. track
39. previous
40. previously
41. determine
42. determined
43. initial
44. initiative
45. initiator
46. devastate
47. infinite
48. monarch
49. monarchy
50. subscription

51. undergo
52. primary
53. primarily
54. diagnosis
55. diagnose
56. motion
57. motive
58. motivate
59. clause
60. ambiguous
61. repository
62. format
63. privilege
64. privileged
65. mournful
66. mournfully
67. arrest
68. arrestee
69. discernible
70. hypotheses
71. upfront
72. exaggerate
73. reputation
74. instruct
75. instruction

1	26	51
a. 谦逊的	*vt.* 概述 *n.* 轮廓	*vt.* 经历;遭受

2	27	52
n. 工具;仪器;乐器	*a.* 典型的;代议制的 *n.* 代表	*a.* 初级的;首要的

3	28	53
a. 器械的	*a.* 秘密的;隐蔽的	*ad.* 起初;首要地

4	29	54
ad. 有益地;仪器地	*n.* 外国人 *a.* 外国(人)的	*n.* (疾病)诊断

5	30	55
n. 乐器演奏家	*n.* 名望,声望	*vt.* 诊断;判断

6	31	56
v. (使)翻转;推翻	*a.* 声誉高的	*n.* 运动;动作

7	32	57
a. 不可避免的	*a.* 不情愿的;勉强的	*n.* 动机,目的

8	33	58
ad. 不可避免地	*vt.* 宣称;指控	*vt.* 激励

9	34	59
vt. 弄翻;扰乱	*n.* 宣称;指控	*n.* 条款

10	35	60
a. 令人苦恼的	*a.* 忠诚的,忠心的	*a.* 模棱两可的

11	36	61
a. 易弯曲的;灵活的	*n.* 忠诚,忠心	*n.* 贮藏室;智囊团

12	37	62
ad. 灵活地	*vt.* 减轻,缓解	*n.* 格式 *vt.* 设计

13	38	63
n. 柔韧性;灵活性	*n.* 轨道 *v.* 跟踪	*n.* 特权,特许

14	39	64
v. 指示;开处方	*a.* 先前的,以前的	*a.* 有特权的;特许的

15	40	65
n. 规定;处方	*ad.* 以前地,先前地	*a.* 悲哀的;忧伤的

16	41	66
vt. 传染,感染	*v.* 决定,决心	*ad.* 悲伤地,悲哀地

17	42	67
n. 传染(病);感染	*a.* 确定的;坚决的	*vt.* 逮捕;阻止 *n.* 逮捕

18	43	68
a. 有关的,相应的	*a.* 开始的	*n.* 被拘捕者

19	44	69
n. 皱纹 *vi.* 皱眉	*n.* 第一步;主动性	*a.* 能够辨别的

20	45	70
a. 等值的 *n.* 等价物	*n.* 创始者,发起人	*n.* 假设;假说

21	46	71
vt. 应得 *vi.* 应受赏(罚)	*vt.* 破坏;使垮掉	*a.* 诚实的;预付的

22	47	72
a. 较低的;下等的	*a.* 无限的,无穷的	*v.* 夸大,夸张

23	48	73
a. 顾问的 *n.* 公告	*n.* 君主;统治者	*n.* 名誉,名声

24	49	74
n. 信念;说服	*n.* 君主政体	*vt.* 教,教授;指示

25	50	75
n. 民族精神,社会思潮	*n.* 会员费	*n.* 教导;指示

76 clinic	101 appeal	126 approximate
77 clinically	102 bureau	127 approximately
78 resent	103 bureaucrat	128 command
79 resentment	104 client	129 inventory
80 integer	105 clientele	130 commend
81 integrate	106 retreat	131 extend
82 intelligence	107 concrete	132 extensive
83 intelligent	108 engagement	133 extension
84 deliberation	109 diminish	134 archive
85 portray	110 expedite	135 external
86 tougher	111 prosecute	136 condemn
87 discontent	112 prosecutor	137 possession
88 annual	113 traceable	138 terminology
89 frame	114 display	139 commitment
90 troupe	115 frustrate	140 sovereign
91 exhaust	116 frustration	141 irregular
92 exhausted	117 plausible	142 extreme
93 anticipate	118 appreciate	143 domestic
94 frequent	119 appreciation	144 companion
95 frequently	120 dispute	145 arrogant
96 collaborate	121 revenue	146 dose
97 collaborative	122 disrupt	147 compassionate
98 collaboratively	123 disruption	148 speculate
99 intervention	124 exploit	149 speculative
100 intervene	125 exploitation	150 articulate

76	101	126
n. 诊所	n. 呼吁, 请求	v. 接近 a. 大约的

76 n. 诊所
77 ad. 临床地
78 vt. 憎恶; 怨恨
79 n. 憎恶; 怨恨
80 n. 整数; 整体
81 vt. 使结合; 使完整
82 n. 智力; 情报
83 a. 聪明的; 智能的
84 n. 仔细考虑; 商议
85 vt. 描写, 描绘
86 a. 艰苦的; 坚韧的
87 n./a. 不满 (的), 不平 (的)
88 a. 每年的 n. 年刊
89 n. 框架 vt. 设计
90 n. 艺术团 vi. 巡回演出
91 vt. 排空; 使筋疲力尽
92 a. 筋疲力尽的
93 vt. 预料, 期望
94 a. 频繁的, 经常的
95 ad. 频繁地, 经常地
96 vi. 共同协作, 合作
97 a. 合作的
98 ad. 合作地
99 n. 介入; 干涉
100 vi. 介入; 干涉

101 n. 呼吁, 请求
102 n. 局, 司, 处
103 n. 官僚 (政治)
104 n. 顾客; 当事人
105 n. 顾客 (群)
106 vi./n. 撤退, 退却
107 a. 实在的; 有形的 n. 混凝土
108 n. 婚约; 约定
109 v. 缩小; 减少
110 v. 使加速完成; 促进
111 v. 起诉; 指控
112 n. 检察官
113 a. 可归因于…的
114 vt. 陈列; 显示
115 vt. 挫败; 使灰心
116 n. 失败; 灰心
117 a. 似乎有道理的
118 vt. 欣赏; 感谢
119 n. 欣赏; 感谢
120 v./n. 争论, 争执
121 n. 财政收入; 收益
122 vt. 使分裂 a. 破裂的
123 n. 分裂; 毁坏; 中断
124 vt. 开发; 利用
125 n. 开发; 利用

126 v. 接近 a. 大约的
127 ad. 大概, 近乎
128 v./n. 命令; 控制
129 n. 存货; 详细目录
130 vt. 把…委托 (给); 称赞
131 v. 延长, 扩展
132 a. 广阔的; 广泛的
133 n. 延长; 扩大
134 vt. 存档 n. 档案文件
135 a. 外部的; 表面的
136 vt. 谴责
137 n. 拥有; 所有物
138 n. 学科术语; 措辞
139 n. 承诺, 保证
140 n. 君主
141 a. 不规则的; 不正规的
142 a. 尽头的; 极端的
143 a. 家里的; 国内的
144 n. 同伴; 共事者
145 a. 傲慢的; 自大的
146 n. 一剂 v. 服药
147 vt. 同情; 怜悯
148 vi. 推测; 投机
149 a. 投机的; 推测的
150 a. 口才好的

151 portrait

152 comply

153 compliance

154 conditional

155 unconditional

156 democracy

157 lingual

158 phenomenon

159 assert

160 assertion

161 component

162 compromise

163 concentrate

164 concentration

165 potential

166 potentially

167 associate

168 association

169 rough

170 roughly

171 assume

172 assumption

173 concession

174 conclude

175 conclusive

176 duplicate

177 duplication

178 atmosphere

179 atmospheric

180 confirm

181 confirmation

182 conform

183 nonconformist

184 dirt-cheap

185 tribute

186 entitle

187 preliminary

188 preoccupy

189 preoccupation

190 connotation

191 conscience

192 authentic

193 statute

194 autobiography

195 consolidate

196 consolidation

197 promising

198 constant

199 constantly

200 stiff

201 contact

202 exquisitely

203 mortgage

204 predecessor

205 implausible

206 compound

207 confine

208 catalyst

209 multinational

210 contemplate

211 consensus

212 eclipse

213 geo-centric

214 rigorous

215 overrule

216 counsel(l)or

151 *n.* 描绘, 画像	**176** *v.* 复制 *n.* 复制品	**201** *n.* 接触；联系
152 *vi.* 照做, 顺从	**177** *n.* 复制；副本	**202** *ad.* 精美地, 极度地
153 *n.* 顺从, 遵从	**178** *n.* 大气层；气氛	**203** *vt.* 抵押借款
154 *a.* 有条件的；附条件的	**179** *a.* 大气 (层) 的	**204** *n.* 前任, 前辈
155 *a.* 无条件的	**180** *v.* 确定, 确认	**205** *a.* 似乎不合情理的
156 *n.* 民主；民主制	**181** *n.* 确定, 确认	**206** *v.* 恶化, 加重
157 *a.* 语言的	**182** *v.* (使) 符合；服从	**207** *vt.* 限制；限定
158 *n.* 现象	**183** *n.* 不遵从社会标准者	**208** *n.* 催化剂；促使变化的人或因素
159 *vt.* 断言, 宣称	**184** *a.* 毫无价值的	**209** *n.* 跨国公司 *a.* 跨国的
160 *n.* 主张, 坚持	**185** *n.* 贡品；称赞	**210** *vt.* 深思, 周密考虑
161 *n.* 组成部分；成分	**186** *vt.* 给予⋯权利；命名	**211** *n.* 共识, 一致的意见
162 *v./n.* 妥协, 让步	**187** *a.* 预备的, 初步的	**212** *v.* (使) 黯然失色 *n.* 日食, 月食
163 *v.* 集中；全神贯注	**188** *vt.* 使全神贯注	**213** *a.* 以地球为中心的；地球中心论的
164 *n.* 集中；专注	**189** *n.* 全神贯注	**214** *a.* 严格的
165 *a.* 潜在的 *n.* 可能性	**190** *n.* 含义, 暗示	**215** *v.* 驳回, 否决, 推翻
166 *ad.* 潜在地；可能地	**191** *n.* 良心, 良知	**216** *n.* 顾问
167 *v.* (使) 联合；(使) 有联系	**192** *a.* 真实的；可靠的	
168 *n.* 联盟；联合	**193** *n.* 法规, 章程	
169 *a.* 天然的；粗糙的	**194** *n.* 自传	
170 *ad.* 粗糙地；粗略地	**195** *v.* 合并；巩固, 加强	
171 *vt.* 认为；假定	**196** *n.* 合并；巩固	
172 *n.* 采取；假定	**197** *a.* 有希望的, 有前途的	
173 *n.* 让步；特许 (权)	**198** *a.* 不变的；持续的	
174 *v.* 推断出, 得出结论	**199** *ad.* 坚定不变地；持续不断地	
175 *a.* 结论性的；确定的	**200** *a.* 僵直的；拘谨的	

1 abide	26 proposed	51 obsession
2 eager	27 vague	52 protein
3 eagerness	28 account	53 straightforward
4 machine	29 accountable	54 unattractive
5 mechanization	30 accounting	55 valid
6 *mechanized	31 accountability	56 validity
7 mechanical	32 garment	57 lame
8 mechanism	33 magic	58 lameness
9 vaccine	34 magically	59 obstacle
10 vaccination	35 protect	60 strain
11 facile	36 protection	61 strained
12 facility	37 protector	62 contrary
13 facilitate	38 straight	63 obtain
14 habitat	39 allegiance	64 target
15 ideal	40 immigrant	65 unbiased
16 idealism	41 immigration	66 vanish
17 idealize	42 automate	67 contrast
18 idealist	43 automatic	68 illiquid
19 tactic(s)	44 entrepreneur	69 obvious
20 contest	45 entrepreneurship	70 obviously
21 contested	46 navigate	71 provocation
22 identify	47 navigation	72 provocative
23 identity	48 regime	73 provoke
24 propose	49 transition	74 vary
25 proposal	50 obsess	75 variable

注：mechanized 是动词 mechanize 的过去分词，在语法意义上可作形容词使用。

1	26	51
v. 容忍；遵守	a. 被提议的	n. 沉迷

2	27	52
a. 渴望的，热切的	a. 不确定的；模糊的	n. 蛋白质

3	28	53
n. 渴望，热忱	n. 账户；解释	a./ad. 直率的（地）

4	29	54
n. 机器，机械	a. 对…负责的	a. 枯燥乏味的

5	30	55
n. 机械化；机动化	n. 会计（学）	a. 有效的；令人信服的

6	31	56
a. 机械化的；呆板的	n. 负有责任	n. 有效（性），合法（性）

7	32	57
a. 机械的；呆板的	n. 衣服，服装	a. 跛的；站不住脚的

8	33	58
n. 机构；机制	n. 魔术；魔力	n. 缺陷，不足

9	34	59
n. 疫苗 a. 疫苗的	ad. 如魔法般地	n. 障碍（物）；阻碍

10	35	60
n. 接种疫苗	vt. 保护，防护	v. 拉紧 n. 紧张状态

11	36	61
a. 容易做的；熟练的	n. 保护，防护	a. 紧张的

12	37	62
n. 容易；熟练	n. 保护者，防御者	n./a. 相反（的），矛盾（的）

13	38	63
vt. 使便利	a./ad. 正直的（地）；直接的（地）	v. 获得，得到

14	39	64
n. 栖息地；产地	n. 忠诚；效忠	n. 目标 vt. 瞄准

15	40	65
n./a. 理想（的）	n. 移民	a. 公正的，无偏见的

16	41	66
n. 理想主义	n. 移居	vi. 消失；灭绝

17	42	67
vt. 使理想化	v.（使）自动化	n./v.（使）对比，（使）对照

18	43	68
n. 理想主义者	a. 自动（化）的	a. 流动性不足的

19	44	69
n. 战术，策略	n. 企业家	a. 明显的，清楚的

20	45	70
n./v. 竞争，比赛	n. 企业家精神	ad. 明显地，清楚地

21	46	71
a. 具有争议的	v. 航行；驾驶	n. 挑衅，激怒

22	47	72
vt. 确认，鉴定	n. 导航；航行	a. 挑衅的，煽动的

23	48	73
n. 身份；个性	n. 政权，政体	vt. 煽动；激怒

24	49	74
v. 提议；求婚	n. 转变	v. 变化；（使）多样化

25	50	75
n. 提议，建议	vt. 使着迷；使困扰	a. 易变的

76 variation	101 randomly	126 capacity
77 various	102 vast	127 cooperate
78 variety	103 vastly	128 cooperation
79 *varying	104 handle	129 cooperative/co-operative
80 absorb	105 panel	130 dazzle
81 absorption	106 psychology	131 dazzlingly
82 efficient	107 psychological	132 satisfy
83 efficiency	108 psychologically	133 satisfaction
84 olcvate	109 psychologist	134 version
85 elevated	110 range	135 designate
86 prudent	111 bargain	136 familiar
87 bureaucratic	112 bargaining	137 unfamiliar
88 innovator	113 convince	138 paradox
89 intrusion	114 convincing	139 paradoxical
90 gene	115 convincingly	140 technology
91 genetic	116 general	141 technological
92 genetically	117 generally	142 capture
93 genetics	118 neglect	143 elect
94 illusion	119 negligence	144 election
95 illusive	120 odd	145 electoral
96 judge	121 odds	146 stripe
97 judgment	122 panic	147 vessel
98 margin	123 stress	148 accommodate
99 occur	124 stressed	149 immense
100 random	125 verify	150 nerve

注：varying 是动词 vary 的 -ing 形式，在语法意义上可作形容词使用。

76	101	126
n. 变化；变异	*ad.* 随便地，任意地	*n.* 能力；容量

77	102	127
a. 不同的，各种各样的	*a.* 大量的；辽阔的	*vi.* 合作，协作

78	103	128
n. 种类；多样化	*ad.* 巨大地；广阔地	*n.* 合作

79	104	129
a. 变化的，改变的	*n.* 把手 *vt.* 处理	*a.* 合作的

80	105	130
vt. 吸收；吸引	*n.* 面板；专门小组	*vt.* 使目眩 *n.* 耀眼的光

81	106	131
n. 吸收；专心致志	*n.* 心理学	*ad.* 灿烂地，耀眼地

82	107	132
a. 有效率的，高效的	*a.* 心理的，精神的	*vt.* 使满足；使相信

83	108	133
n. 效率；功效	*ad.* 心理上地	*n.* 满意，满足

84	109	134
vt. 举起；提拔	*n.* 心理学家	*n.* 译文；译本

85	110	135
a. 高层的；高尚的	*n.* 一系列 *vi.* 延伸	*vt.* 指明；指派

86	111	136
a. 小心的；精明的	*n.* 交易 *vi.* 讨价还价	*a.* 熟悉的；亲密的

87	112	137
a. 官僚主义的	*n.* 议价；商讨	*a.* 不熟悉的；陌生的

88	113	138
n. 创新者；改革者	*vt.* 使信服；说服	*n.* 似是而非的话

89	114	139
n. 侵入；影响	*a.* 令人信服的，有说服力的	*a.* 似是而非的，矛盾的

90	115	140
n. 基因	*ad.* 令人信服地，有说服力地	*n.* 科学技术

91	116	141
a. 基因的	*a.* 全体的 *n.* 将军	*a.* 技术的；科技的

92	117	142
ad. 从遗传方面	*ad.* 通常地，一般地	*vt.* 捕获；占领

93	118	143
n. 遗传学	*vt./n.* 忽略；疏忽	*vt.* 选举 *n.* 当选人

94	119	144
n. 幻觉；幻想	*n.* 疏忽，粗心大意	*n.* 选举；当选

95	120	145
a. 错觉的，幻觉的	*a.* 古怪的；奇数的	*a.* 选举的

96	121	146
n. 法官 *v.* 裁决	*n.* 差异；机会	*n.* 条纹（布）；种类

97	122	147
n. 判决；判断（力）	*n./a.* 恐慌（的）	*n.* 血管；舰船

98	123	148
n. 页边空白；幅度	*n.* 压力 *vt.* 使紧张	*vt.* 向…提供（膳宿）

99	124	149
vi. 发生；出现	*a.* 紧张不安的	*a.* 无边无际的

100	125	150
a. 胡乱的；随机的	*vt.* 证实；证明	*n.* 神经；勇敢

151	nervous	176	subscriber	201	gradual
152	purpose	177	victim	202	catalog
153	purposeless	178	accurate	203	forgive
154	temper	179	accuracy	204	forgiveness
155	correspond	180	behalf	205	utmost
156	pursuit	181	participate	206	electric
157	pursue	182	participant	207	neuroscientist
158	temperament	183	participation	208	autonomy
159	accomplish	184	substantial	209	autonomous
160	accomplishment	185	substantially	210	deploy
161	immune	186	accuse	211	recoup
162	immunization	187	accusation	212	install
163	immunity	188	scold	213	insulate
164	subject	189	glance	214	insulation
165	academic	190	oppose	215	unwanted
166	construction	191	opposite	216	soar
167	distraction	192	opposition	217	conversion
168	inappropriate	193	undesirable	218	ventilation
169	invade	194	consultant	219	heating
170	seldom	195	eligible	220	residential
171	counterpart	196	instance	221	rebellious
172	deceptive	197	battery	222	rebelliousness
173	deception	198	bonus		
174	impartial	199	transient		
175	subscribe	200	disclosure		

151	176	201
a. 神经的; 紧张的	*n.* 捐款人; 订阅者	*a.* 逐渐的

152	177	202
n. 目的; 用途	*n.* 牺牲者, 遇难者	*n.* 目录

153	178	203
a. 漫无目标的	*a.* 准确的, 正确无误的	*v.* 原谅, 宽恕

154	179	204
n. 心情 *v.* 调和	*n.* 准确 (性)	*n.* 宽恕, 饶恕

155	180	205
vi. 符合; 通信	*n.* 代表; 利益	*a.* 极度的

156	181	206
n. 追求; 职业	*vi.* 参加, 参与	*a.* 带电的

157	182	207
v. 继续; 从事	*n.* 参加者 *a.* 参与的; 有关系的	*n.* 神经系统科学家

158	183	208
n. 气质; 性情	*n.* 参与 (度)	*n.* 自治, 自治权

159	184	209
vt. 完成, 实现	*a.* 本质的; 坚固的	*a.* 自治的; 自主的

160	185	210
n. 完成; 成就	*ad.* 大体上; 本质上	*v.* 部署

161	186	211
a. 免疫的	*vt.* 指责; 控告	*vt.* 收回; 补偿; 扣除

162	187	212
n. 免除; 免疫	*n.* 指控; 罪名	*vt.* 安装; 安顿

163	188	213
n. 免疫	*v.* 责骂, 训斥	*vt.* 使隔热; 使隔离

164	189	214
n. 主题 *vt.* 使服从	*v./n.* 匆匆看, 扫视	*n.* 隔热; 隔绝状态

165	190	215
a. 学院的; 学术的	*v.* 反对, 反抗	*adj.* 不需要的, 多余的

166	191	216
n. 建筑; 结构; 创建	*a.* 对立的 *prep.* 在…对面 *ad.* 在对面	*vi.* 飙升; 翱翔

167	192	217
n. 分散注意力之事	*n.* 反对, 反抗	*n.* 转变, 转换

168	193	218
a. 不恰当的; 不适当的	*a.* 不需要的; 不受欢迎的	*n.* 通风 (系统), 换气

169	194	219
v. 侵略; 大量涌入	*n.* 顾问; 咨询员	*n.* 供暖 (系统); 暖气设备

170	195	220
ad. 很少, 不常	*a.* 有资格的, 符合条件的	*adj.* 居民区的; 住宅的; 家庭的

171	196	221
n. 对应的人 (或物)	*n.* 实例; 情况	*adj.* 叛逆的; 桀骜不驯的

172	197	222
a. 欺诈的, 骗人的	*n.* 电池	*n.* 叛逆性

173	198	
n. 欺诈; 诡计	*n.* 奖金	

174	199	
a. 公正的, 无偏见的	*a.* 短暂的	

175	200	
v. 捐赠; 订购	*n.* (信息的) 披露	

1 prioritize

2 symbol

3 tremendous

4 casual

5 casualness

6 credible

7 credibility

8 incredible

9 marvel

10 realise/realize

11 realistic

12 decorate

13 impose

14 scrutiny

15 scrutinize

16 acquaint

17 acquaintance

18 critical

19 critic

20 criticise/criticize

21 criticism

22 critique

23 emerge

24 emergence

25 emergency

26 emerging

27 particle

28 particular

29 particularly

30 supervise

31 violence

32 violent

33 violate

34 acquire

35 acquisition

36 suppose

37 supposed

38 inclusive

39 remain

40 remaining

41 cruel

42 cruelty

43 virtual

44 virtually

45 deduction

46 deduct

47 deductible

48 emphasize

49 emphasis

50 recipient

51 acute

52 cultivate

53 employ

54 employment

55 employer

56 employee

57 non-controversial

58 surround

59 current

60 currently

61 declaration

62 encode

63 inadequate

64 organize

65 organization

66 disorganized

67 cursory

68 feedback

69 implicate

70 implicit

71 implication

72 secure

73 security

74 sustain

75 sustained

1 vt. 给…优先权	**26** a. 新兴的, 刚出现的	**51** a. 敏锐的; 急性的
2 n. 象征; 符号	**27** n. 微粒; 极小量	**52** vt. 耕种; 培育; 培养
3 a. 极大的; 惊人的	**28** a. 个别的; 特殊的	**53** vt. 雇用; 利用
4 a. 偶然的; 随便的	**29** ad. 尤其; 格外	**54** n. 雇用; 职业
5 n. 随便; 偶然	**30** v. 监督; 管理	**55** n. 雇主
6 a. 可信的, 可靠的	**31** n. 激烈; 暴力	**56** n. 雇员
7 n. 可信, 可靠	**32** a. 狂暴的; 暴力的	**57** a. 无争议的
8 a. 难以置信的	**33** vt. 违背; 冒犯	**58** vt. 围绕, 包围
9 n. 奇迹 v. 惊异	**34** v. 获得; 习得	**59** a. 当前的 n. 趋势
10 vt. 认识到; 实现	**35** n. 获得; 收购	**60** ad. 当前; 普遍地
11 a. 现实的; 注重实际的	**36** v. 猜想; 假定	**61** n. 宣布; 宣言
12 vt. 装饰; 授勋章给	**37** a. 想象的; 假定的	**62** vt. 编码, 译码
13 vt. 把…强加给; 征 (税)	**38** a. 包括在内的	**63** a. 不充分的; 不能胜任的
14 n. 周密的调查; 细看	**39** v. 保持 n. 剩余物	**64** vt. 组织; 安排
15 vt. 仔细检查	**40** a. 剩下的, 剩余的	**65** n. 组织, 机构
16 vt. 使认识; 使熟悉	**41** a. 残忍的, 残酷的	**66** a. 紊乱的
17 n. 熟悉; 熟人	**42** n. 残忍	**67** a. 草率的; 粗略的
18 a. 批评的; 关键性的	**43** a. 实际上的, 事实上的	**68** n. 回应, 反馈
19 n. 评论家	**44** ad. 实际上, 事实上	**69** vt. 牵连; 意味着
20 v. 批判; 评论	**45** n. 扣除 (额)	**70** a. 含蓄的, 暗指的
21 n. 批评; 评论	**46** vt. 扣除, 减去; 演绎	**71** n. 涉及; 暗示
22 n. 评论文章	**47** a. 可扣除的 n. 扣除条款	**72** v. (使) 安全 a. 安全的
23 vi. 出现, 涌现	**48** vt. 强调	**73** n. 安全; 防护
24 n. 出现; 显露	**49** n. 强调	**74** vt. 支撑; 忍耐
25 n. 紧急情况, 突发事件	**50** a. 乐于接受的 n. 接受者	**75** a. 持久的, 持续的

76 sustainable

77 sustainably

78 sustainability

79 contract

80 differentiate

81 mandate

82 unrepresentative

83 swamp

84 visual

85 visualize

86 vision

87 adequate

88 adequately

89 defend

90 defendant

91 defence/defense

92 defensive

93 defensible

94 swell

95 widespread

96 incident

97 record

98 recording

99 switch

100 definite

101 definitely

102 define

103 incidence

104 outcome

105 adjust

106 adjustment

107 certify

108 certificate

109 incline

110 inclined

111 inclination

112 select

113 selective

114 selected

115 profile

116 high-profile

117 sentiment

118 administer

119 administration

120 biography

121 biographical

122 include

123 admire

124 admiration

125 admirable

126 biology

127 biological

128 biologically

129 peak

130 chamber

131 peculiar

132 peculiarity

133 reduce

134 reduction

135 adolescent

136 adolescence

137 figure

138 mental

139 redundant

140 redundancy

141 wisdom

142 chancellor

143 delicate

144 penalty

145 impel

146 impulse

147 impulsive

148 threaten

149 threat

150 threatened

76 a. 可持续的; 合理利用的	101 ad. 明确地; 肯定地	126 n. 生物学; 生命机理
77 ad. 可持续地; 可承受地	102 vt. 给…下定义; 规定	127 a. 生物学 (上) 的
78 n. 可持续性, 持续利用	103 n. 影响范围; 发生率	128 ad. 生物学上, 生物学地
79 n. 合同, 协议	104 n. 结果; 成果	129 n. 山顶; 最高点
80 v. 区分; (使) 有差别	105 vi. 适应 vt. 调整	130 n. 房间; 室, 腔
81 vt. 授权; 颁布; 批准	106 n. 调整, 校正	131 a. 独特的; 特殊的
82 a. 非典型的	107 vt. 证明, 证实	132 n. 独特性; 特质
83 n. 沼泽 vt. 淹没	108 n. 证书	133 v. 减少, 缩小
84 a. 视力的 n. 图像	109 v. (使) 倾斜; (使) 倾向于	134 n. 减少, 削减
85 vt. 想象, 设想	110 a. 倾斜的; 倾向 (于) 的	135 a. 青春期的 n. 青少年
86 n. 视力; 幻觉	111 n. 趋势; 倾向	136 n. 青春期, 青少年时期
87 a. 充足的; 有能力的	112 v. 挑选, 选拔	137 n. 数字; 人物
88 ad. 充分地; 适当地	113 a. 选择性的	138 a. 精神的; 智力的
89 v. 防御, 防守	114 a. 选定的	139 a. 多余的, 过剩的
90 n. 被告	115 n. 侧面 (像); 轮廓	140 n. 过剩
91 n. 防御 (物), 防护 (物)	116 a. 高姿态的, 高调的	141 n. 智慧; 名言
92 a. 防卫的; 辩护的	117 n. 观点; 感情	142 n. 大臣, 总理
93 a. 可防卫的; 可辩护的	118 v. 管理, 掌管	143 a. 精美的; 易碎的
94 n./v. 膨胀; 扩大	119 n. 管理部门; 政府	144 n. 刑罚; 罚金
95 a. 分布广泛的; 普遍的	120 n. 传记; 传记文学	145 vt. 推动; 敦促
96 n. 事件; 插曲	121 a. 传记的	146 n. 推动; 冲动
97 a. 空前的	122 vt. 包括, 包含	147 a. 推进的; 冲动的
98 n. 录音	123 vt. 羡慕; 赞赏	148 v. 威胁, 恐吓
99 v. 转变, 转换	124 n. 钦佩; 赞赏	149 n. 威胁, 恐吓
100 a. 明确的; 坚定的	125 a. 令人钦佩, 值得赞扬的	150 a. 受到威胁的

151 merge	176 nutrition	201 hostage
152 merger	177 sequence	202 transparent
153 universe	178 advise	203 warehouse
154 channel	179 adviser/advisor	204 annually
155 finance	180 indicate	205 third-party
156 financial	181 indicator	206 platform
157 financially	182 index	207 rap
158 merit	183 perform	208 rethink
159 pension	184 performance	209 binary
160 reflect	185 series	210 deficiency
161 conversation	186 withhold	211 caregiver
162 donate	187 charter	212 transgression
163 insult	188 withstand	213 prosocial
164 stretch	189 affair	214 altruistic
165 advantage	190 enroll	215 sacrifice
166 advantageous	191 indifferent	216 unselfishly
167 substitute	192 indifference	217 underlie
168 chaos	193 lineage	218 upside
169 enlist	194 affect	
170 nurture	195 denote	
171 demand	196 indignant	
172 independent	197 indignation	
173 independently	198 region	
174 independence	199 affiliate	
175 nutrient	200 affiliation	

151 v. (使) 结合, (使) 合并

152 n. 合并, 兼并

153 n. 宇宙

154 n. 海峡; 渠道

155 vt. 为…提供资金 n. 财政

156 a. 财政的; 金融的

157 ad. 从财务上看

158 n. 优点 v. 值得

159 n. 养老金, 退休金

160 v. 反映; 反省

161 n. 交谈, 会话

162 v. 捐赠

163 vt./n. 侮辱, 辱骂

164 v. 延伸 n. 一段 (时间)

165 n. 优点; 有利条件

166 a. 有利的; 有益的

167 v. 代替, 替换

168 n. 混乱

169 vi. 入伍 vt. 赢得 (支持等)

170 n./vt. 养育; 教育

171 n./v. 请求; 需要

172 a. 独立的 n. 无党派者

173 ad. 独立地; 自立地

174 n. 独立; 自立

175 a. 有营养的 n. 营养品

176 n. 营养; 营养学

177 n. 先后; 连续事件

178 v. 建议; 通知

179 n. 顾问; 劝告者

180 vt. 显示; 表明

181 n. 指示者; 指示器

182 n. 索引; 指数

183 v. 履行; 表演

184 n. 演出; 履行

185 n. 一系列; 丛书

186 vt. 拒绝; 制止

187 n. 特许状; 营业执照

188 v. 经受, 承受

189 n. 事情; 事件

190 v. 招收; 入学

191 a. 漠不关心的; 中立的

192 n. 漠不关心; 中立

193 n. 血统; 宗族

194 vt. 影响; (疾病) 侵袭

195 vt. 表示; 指示

196 a. 愤怒的, 愤慨的

197 n. 愤怒; 愤慨

198 n. 地区; 范围

199 n. 分支机构

200 n. 加入; 隶属

201 n. 人质

202 a. 透明的

203 n. 仓库

204 ad. 每年地

205 a. 第三方的

206 n. 平台

207 n. 苛评

208 v. 重新考虑; 再想

209 a. 包含两部分的; 双重的

210 n. 缺陷

211 n. 看护者

212 n. 违反, 违背

213 a. 亲社会的

214 adj. 利他主义的

215 v. 牺牲, 献出 n. 牺牲; 祭品

216 adv. 无私地

217 vt. 构成…的基础

218 n. 好处, 优势

1. permission	26. persistently	51. depute
2. permissive	27. severe	52. deputy
3. permit	28. misery	53. philharmonic
4. convert	29. miserable	54. relate
5. establishment	30. aggravate	55. relative
6. renovation	31. environment	56. relatively
7. sorrow	32. environmental	57. relation
8. afford	33. environmentally	58. relational
9. firm	34. overstate	59. relationship
10. grieve	35. aggressive	60. unrelated
11. grievance	36. uphold	61. tolerate
12. regret	37. flare	62. tolerance
13. regrettable	38. misinterpret	63. tolerant
14. depart	39. misinterpretation	64. episode
15. departure	40. pessimistic	65. beneficial
16. induce	41. cement	66. benefit
17. regular	42. commute	67. philosophy
18. regularity	43. intangible	68. philosophical
19. regularly	44. material	69. philosopher
20. agency	45. prominent	70. worship
21. department	46. prominence	71. worshipper
22. literary	47. rental	72. derive
23. literacy	48. safeguard	73. hunt
24. persist	49. unsurpassed	74. hunter
25. persistent	50. unexpected	75. release

1. *n.* 允许, 同意	26. *ad.* 持续地; 坚持不懈地	51. *vt.* 委任; 授权给
2. *a.* 允许的	27. *a.* 严重的; 严格的	52. *n.* 代表; 副职
3. *v.* 允许 *n.* 执照	28. *n.* 痛苦; 不幸	53. *n.* 音乐爱好者; 交响乐团
4. *v.* (使) 转变; 兑换	29. *a.* 痛苦的; 不幸的	54. *vi.* 有关, 涉及
5. *n.* 确立; 创立	30. *vt.* 加重, 加剧	55. *a.* 相关的 *n.* 亲戚
6. *n.* 更新; 修复	31. *n.* 环境; 周围状况	56. *ad.* 相对地; 比较地
7. *n.* 悲伤, 悲痛	32. *a.* 环境的	57. *n.* 关系, 关联
8. *vt.* 承担得起; 买得起	33. *ad.* 环境地	58. *a.* 有关系的; 亲属的
9. *n.* 公司 *a.* 稳固的	34. *v.* 夸大叙述, 夸张	59. *n.* 关系, 关联
10. *v.* (使) 悲痛, (使) 伤心	35. *a.* 侵略 (性) 的	60. *a.* 不相关的, 无关的
11. *n.* 委屈, 抱怨	36. *vt.* 举起; 赞成	61. *vt.* 容忍, 忍受
12. *v./n.* 悔恨; 遗憾	37. *v.* 闪耀; 燃烧	62. *n.* 容忍
13. *a.* 可惜的; 令人遗憾的	38. *v.* 误解, 曲解	63. *a.* 宽容的, 容忍的
14. *vi.* 离开; 出发	39. *n.* 误解	64. *n.* 片段; 事件
15. *n.* 离开; 出发	40. *a.* 悲观 (主义) 的	65. *a.* 有益的, 有利的
16. *vt.* 引诱; 引起	41. *vt.* 巩固, 加强 *n.* 水泥	66. *n.* 利益 *v.* 受益, 得益
17. *a.* 规则的, 有规律的	42. *n.* 上下班往返路程	67. *n.* 哲学; 人生观
18. *n.* 规则性; 整齐	43. *a.* 无形的; 不易理解的	68. *a.* 哲学 (上) 的
19. *ad.* 有规律地; 经常地	44. *n.* 物资; 材料; 原料	69. *n.* 哲学家; 思想家
20. *n.* 代理; 代理行	45. *a.* 突出的; 杰出的	70. *n.* 礼拜 (仪式); 崇拜
21. *n.* 部门; 系	46. *n.* 显著; 卓越	71. *n.* 礼拜者
22. *a.* 文学 (上) 的	47. *a.* 租用的 *n.* 租金	72. *vi.* 起源 *vt.* 取得
23. *n.* 有文化; 有读写能力	48. *vt.* 保护 *n.* 保障措施	73. *n.* 狩猎; 搜寻
24. *vi.* 持续; 坚持	49. *a.* 无与伦比的; 卓越的	74. *n.* 猎人
25. *a.* 持续的; 坚持不懈的	50. *a.* 意想不到的	75. *vt./n.* 释放; 发行

76 descend

77 descendant

78 equip

79 equipment

80 present

81 presence

82 recession

83 shareholder

84 infer

85 bound

86 relieve

87 relief

88 lounge

89 press

90 pressing

91 pressure

92 compact

93 disastrous

94 integrity

95 prompt

96 structure

97 structural

98 desperate

99 desire

100 desired

101 desirable

102 inflate

103 chronology

104 chronological

105 influence

106 influential

107 pretend

108 pretentious

109 brand

110 destruct

111 destructive

112 destruction

113 destroy

114 essential

115 essence

116 essentially

117 inform

118 information

119 informed

120 remark

121 remarkable

122 establish

123 established

124 prevail

125 prevailing

126 prevalent

127 trace

128 detail

129 prevent

130 prevention

131 ally

132 alliance

133 estimate

134 estimated

135 modest

136 modesty

137 modestly

138 allocate

139 allocation

140 ethics

141 modify

142 modification

143 circumstance

144 molecule

145 molecular

146 tradition

147 traditional

148 traditionally

149 render

150 charity

76	101	126
v. 下来,下降	*a.* 有吸引力的;令人满意的,理想的	*a.* 流行的;普遍的
77	**102**	**127**
n. 子孙,后裔	*vt.* 使充气;使(通货)膨胀	*n.* 痕迹 *vt.* 跟踪
78	**103**	**128**
vt. 装备,配备	*n.* 年代学;年表	*n.* 细节 *vt.* 详细说明
79	**104**	**129**
n. 装备,器械	*a.* 按时间顺序的	*v.* 防止;阻止
80	**105**	**130**
n. 现在;礼物	*n.* 影响(力),作用	*n.* 防止;阻止
81	**106**	**131**
n. 出席;存在	*a.* 有影响力的	*vt.* 使结盟 *n.* 盟友
82	**107**	**132**
n. 衰退,不景气	*v.* 假装,装作	*n.* 结盟;联姻
83	**108**	**133**
n. 股东	*a.* 虚伪的;自大的	*n./v.* 估计;评价
84	**109**	**134**
v. 推论,推断	*n.* 商标,品牌	*a.* 估计的;预计的
85	**110**	**135**
a. 受束缚的 *n.* 边界	*v.* 有意破坏	*a.* 谦虚的;适度的
86	**111**	**136**
v. 减轻;解除;缓解	*a.* 破坏(性)的	*n.* 谦逊,虚心
87	**112**	**137**
n. 减轻;救援	*n.* 毁灭,破坏	*ad.* 谦虚地;适度地
88	**113**	**138**
n. 休息室 *vi.* 倚靠	*vt.* 毁坏,破坏	*v.* 分配;部署
89	**114**	**139**
vt. 压 *n.* 新闻界	*a.* 实质的;必需的	*n.* 分派,分配
90	**115**	**140**
a. 迫切的 *n.* 压制	*n.* 本质,实质	*n.* 伦理学
91	**116**	**141**
n. 压迫;压力	*ad.* 本质上,基本上	*vt.* 修改;减轻
92	**117**	**142**
a. 紧凑的 *v.* 压紧,压实	*vt.* 通知,告知	*n.* 修改;减轻
93	**118**	**143**
a. 灾难性的	*n.* 信息;通知	*n.* 环境;情况
94	**119**	**144**
n. 正直,完整	*a.* 见多识广的	*n.* 分子
95	**120**	**145**
vt. 促使 *a.* 迅速的	*n./v.* 评论,谈论	*a.* 分子的
96	**121**	**146**
n. 结构	*a.* 值得注意的;显著的	*n.* 传统,惯例
97	**122**	**147**
a. 结构性的	*vt.* 建立;确立	*a.* 传统的,惯例的
98	**123**	**148**
a. 绝望的	*a.* 已确立的;著名的	*ad.* 传统上地,照惯例地
99	**124**	**149**
v. 渴望;要求	*vi.* 胜过;流行,盛行	*v.* 呈递,提出
100	**125**	**150**
a. 要求的,渴望的	*a.* 盛行的,流行的	*n.* 慈善机构

151 correspondence	176 classic	201 institution
152 mass	177 prior	202 institutional
153 massive	178 priority	203 legislation
154 drastic	179 transplant	204 legislative
155 humanity	180 insist	205 ancestor
156 pave	181 dilemma	206 ancestry
157 rectify	182 represent	207 sink
158 updated	183 representation	208 moisture
159 broadcast	184 affirm	209 fend
160 alphabet	185 intention	210 insect
161 innovation	186 propaganda	211 proceeds
162 innovative	187 substance	212 biofuel
163 prime	188 amount	213 recreation
164 alter	189 procedure	214 finalize
165 alteration	190 procedurally	215 shortage
166 alternative	191 analogue	216 obstruct
167 enquiry/inquiry	192 analogy	217 undocumented
168 monopoly	193 multiple	218 intensive
169 monopolise	194 multiply	219 labor-intensive
170 dialect	195 analyse/analyze	220 surf
171 replace	196 analysis	221 offload
172 replacement	197 analyst	222 quiz
173 replaceable	198 analytic(al)	223 flat
174 transform	199 analytically	
175 classical	200 institute	

151	176	201
n. 通信；符合	*a.* 古典的；经典的 *n.* 名著	*n.* 机构；制度

152	177	202
n. 大量；大众	*a.* 优先的；在前的	*a.* 机构的；制度上的

153	178	203
a. 粗大的；大规模的	*n.* 优先，重点	*n.* 立法；法律

154	179	204
a. 激烈的；猛烈的	*v.* 移植 *n.* 移植	*a.* 立法的 *n.* 立法机构

155	180	205
n. (总称) 人类	*vt.* 坚持；坚决要求	*n.* 祖先，祖宗

156	181	206
vt. 铺设	*n.* 窘境，困境	*n.* 祖先；血统

157	182	207
vt. 纠正，改正	*v.* 描述；代表	*v.* 下沉；沉降

158	183	208
a. 最新的	*n.* 描述；代表	*n.* 水分；湿度

159	184	209
v. 广播；散布	*vt.* 证实，断言	*vt.* 保护，防御；挡开

160	185	210
n. 字母表；入门	*n.* 意图，目的	*n.* 昆虫

161	186	211
n. 改革，创新	*n.* 宣传	*n.* 收入，收益

162	187	212
a. 改革的，创新的	*n.* 物质；实质	*n.* 生物燃料

163	188	213
a. 首要的 *n.* 全盛时期	*n.* 总数，总额	*n.* 娱乐，消遣

164	189	214
vt. 改变，变更	*n.* 程序；步骤	*vt.* 敲定

165	190	215
n. 改变；修改	*ad.* 程序上地	*n.* 短缺，不足

166	191	216
a. 二选一的 *n.* 替代品	*n.* 相似情况；类似物	*vt.* 妨碍，阻挠

167	192	217
n. 询问；调查	*n.* 类似，相似	*a.* 无正式文件的

168	193	218
n. 垄断；专卖 (权)	*a.* 多样的；许多的	*a.* 密集的

169	194	219
vt. 垄断	*v.* (使) 相乘	*a.* 劳动密集型的

170	195	220
n. 方言，土语	*vt.* 分解；分析	*v.* 上网；冲浪

171	196	221
vt. 归还；取代	*n.* 分解；分析	*vt.* 卸载；卸货

172	197	222
n. 归还；代替 (者)	*n.* 分析师	*n.* 小测验 *vt.* 询问

173	198	223
a. 可替换的，可置换的	*a.* 分解的；分析的	*adj.* 平的；平淡的；无变化的 *n.* 公寓

174	199	
vt. 改变，变换	*ad.* 分析地	

175	200	
a. 古典的；经典的	*vt.* 创立 *n.* 学会	

1. found
2. foundation
3. fundamental
4. new-found
5. recognise/recognize
6. recognition
7. physical
8. physician
9. affordable
10. dropout
11. endurance
12. infrastructure
13. spectrum
14. intend
15. intended
16. resist
17. resistant
18. fragile
19. intense
20. intensely
21. intensify
22. respect
23. respectable
24. anthropology
25. anthropologist

26. exhibit
27. coincide
28. coincidence
29. restore
30. restoration
31. restrict
32. restriction
33. restrictive
34. turbulent
35. apart
36. turnaround
37. colleague
38. dismiss
39. turnover
40. disorder
41. monitor
42. reflection
43. tension
44. survive
45. apply
46. applicable
47. application
48. applicant
49. intimate
50. plate

51. appoint
52. appointment
53. type
54. typical
55. typically
56. fulfil(l)
57. fulfil(l)ment
58. fulfilling
59. apprehend
60. apprehensive
61. explicit
62. approach
63. intuition
64. intuitive
65. intuitively
66. counter-intuitive
67. reverse
68. reversal
69. approval
70. approve
71. distant
72. distance
73. explore
74. exploration
75. pledge

1	26	51
vt. 建造；创立	*v.* 展出 *n.* 展览品	*vt.* 任命；指派

2	27	52
n. 基础；基金（会）	*vi.* 同时发生	*n.* 任命；约会

3	28	53
a. 基础的 *n.* 基本原则	*n.* 巧合；一致	*n.* 类型；典型

4	29	54
a. 最新发现的	*vt.* 恢复；归还	*a.* 典型的，有代表性的

5	30	55
vt. 认出；承认	*n.* 恢复；归还	*ad.* 典型地，有代表性地

6	31	56
n. 认出；认可	*vt.* 限制，约束	*vt.* 完成；达到

7	32	57
a. 物质的，实体的；身体的	*n.* 限制；约束	*n.* 完成；成就

8	33	58
n. 医生，内科医生	*a.* 限制的；拘束的	*a.* 令人高兴的，令人满意的

9	34	59
a. 负担得起的；买得起的	*a.* 骚乱的，混乱的	*vt.* 逮捕

10	35	60
a. 退学的	*ad.* 相隔，分开	*a.* 忧虑的，担心的

11	36	61
n. 忍耐力	*n.* 周转；转向	*a.* 详尽的；明确的

12	37	62
n. 基础设施；基础构造	*n.* 同事，同僚	*vt.* 接近 *n.* 方法

13	38	63
n. 范围，领域	*vt.* 解雇 *vi.* 解散	*n.* 直觉

14	39	64
vt. 打算；想要	*n.* 人员调整；营业额	*a.* 直觉的

15	40	65
a. 有意的，故意的	*n.* 混乱；紊乱	*ad.* 直觉地；直观地

16	41	66
v. 抵抗；忍耐	*vt.* 监控 *n.* 监控器	*a.* 违反直觉的，有悖常理的

17	42	67
a. 抵抗的 *n.* 抵抗者	*n.* 反映；深思	*v.* 颠倒 *n.* 背面

18	43	68
a. 易碎的；脆弱的	*n.* 紧张；张力	*n.* 逆转

19	44	69
a. 强烈的；热烈的	*vi.* 幸存 *vt.* 幸免于	*n.* 赞成；批准

20	45	70
ad. 激烈地；热切地	*v.* 使用；申请	*v.* 赞成；批准

21	46	71
v. (使)增强，(使)加剧	*a.* 适当的，可应用的	*a.* 远离的；疏远的

22	47	72
n./vt. 尊敬；重视	*n.* 应用；申请	*n.* 距离；疏远

23	48	73
a. 值得尊敬的；名声好的	*n.* 申请人	*vt.* 探险；探索

24	49	74
n. 人类学	*a.* 亲密的；无人打扰的	*n.* 探测；探索

25	50	75
n. 人类学家	*n.* 车牌；盘子	*vt.* 发誓；保证

76 express	101 communication	126 aspect
77 expressly	102 array	127 aspire
78 expressive	103 address	128 aspiration
79 invert	104 dominate	129 aspiring
80 distribute	105 dominating	130 drama
81 distribution	106 dominant	131 dramatic
82 revolution	107 dominance	132 dramatically
83 revolutionary	108 male-dominated	133 possess
84 commercial	109 special	134 aggressively
85 investigate	110 specialised	135 enrollment
86 diverse	111 specialist	136 prosperity
87 diversity	112 specialize	137 schedule
88 astronomer	113 specialization	138 tragic
89 astronomy	114 speciality	139 sponsor
90 illuminate	115 specify	140 spontaneous
91 prosecution	116 specific	141 spontaneity
92 extinguish	117 incentive	142 asset
93 extinct	118 compel	143 compose
94 extinction	119 compelling	144 composition
95 irony	120 compulsory	145 assign
96 ironic(al)	121 compensate	146 federal
97 ironically	122 compensation	147 assimilate
98 extravagant	123 compensatory	148 assimilation
99 extravagantly	124 risk	149 assimilative
100 communicate	125 risky	150 assist

76		101		126
vt. 表达 *n.* 快车		*n.* 传达；交流		*n.* 方面，观点
77		102		127
ad. 清楚地，明确地		*n.* 一系列 *vt.* 排列		*vi.* 渴望；追求
78		103		128
a. 表现…的；有表现力的		*n.* 地址；演说 *n.* 处理		*n.* 志向，抱负
79		104		129
vt. 使…颠倒 *n.* 倒转物		*v.* 支配；占优势		*a.* 有抱负的
80		105		130
v. 分配；分布		*a.* 独裁的；主要的		*n.* 戏剧；剧本
81		106		131
n. 分配；分布		*a.* 占优势的；支配的		*a.* 戏剧(性)的；显著的
82		107		132
n. 革命(运动)；运行		*n.* 支配；优势		*ad.* 戏剧(性)地；显著地
83		108		133
a. 革命的 *n.* 革命者		*a.* 男权至上的		*vt.* 占有，拥有
84		109		134
a. 商业的 *n.* 商业广告		*a.* 特别的；专门的		*ad.* 积极进取地；激烈地
85		110		135
vt. 调查，研究		*a.* 专业的		*n.* 登记，注册
86		111		136
a. 多种多样的；不同的		*n.* 专家；专科医生		*n.* 繁荣，兴旺
87		112		137
n. 多样性；差异		*vi.* 专攻；成为专家		*vt.* 安排 *n.* 时间表
88		113		138
n. 天文学家		*n.* 专门化，特殊化		*a.* 悲惨的；悲剧的
89		114		139
n. 天文学		*n.* 专业；特长		*n.* 赞助者 *vt.* 提交(法案)等；主办
90		115		140
vt. 阐明；启发		*vt.* 详细说明；具体指定		*a.* 自愿的，自发的
91		116		141
n. 起诉，控告		*a.* 特定的；具体的		*n.* 自发性；自然发生
92		117		142
vt. 消灭，使灭绝		*n.* 刺激；鼓励		*n.* 天赋
93		118		143
a. 消灭的，灭绝的		*vt.* 强迫；强求		*v.* 组成；创作
94		119		144
n. 消灭，灭绝		*a.* 强制的；令人信服的		*n.* 组合；作文
95		120		145
n. 反讽，讽刺		*a.* 强迫的；义务的		*vt.* 分配；指定
96		121		146
a. 反讽的，讽刺的		*v.* 补偿，赔偿		*a.* 联邦的；联盟的
97		122		147
ad. 嘲讽地，讽刺地		*n.* 补偿，赔偿金		*v.* 吸收；同化
98		123		148
a. 过分的；奢侈的		*a.* 赔偿的，补偿的		*n.* 吸收；同化
99		124		149
ad. 奢侈地		*n.* 风险，冒险		*a.* 吸收的；同化作用的
100		125		150
vt. 传达；交流		*a.* 危险的；冒险的		*v.* 帮助，协助

151	assistance	176	classify	201	promote
152	assistant	177	classification	202	promotion
153	concern	178	inherited	203	constitution
154	concerned	179	interrupted	204	constitute
155	concerning	180	interruption	205	constitutional
156	assure	181	scheme	206	constitutionality
157	assurance	182	attract	207	unconstitutional
158	astound	183	attractive	208	stick
159	precedent	184	connect	209	construct
160	precede	185	connection	210	construction
161	astrology	186	conscious	211	propagate
162	astrological	187	consciousness	212	propagation
163	confer	188	consciously	213	stimulate
164	precise	189	unconscious	214	stimulus
165	precisely	190	unconsciously	215	intimidate
166	precision	191	profound	216	mention
167	stake	192	conserve	217	superiority
168	conflict	193	conservation	218	decline
169	attempt	194	conservative	219	exclude
170	dynamic(al)	195	prolong	220	exclusive
171	dynamics	196	consist	221	exclusively
172	confront	197	consistent	222	gap
173	confrontation	198	avail	223	plastic
174	confrontational	199	available	224	allay
175	pregnant	200	availability	225	avalanche

151 *n.* 帮助, 协助

152 *n.* 助理; 助教

153 *vt.* 使关心 *n.* 关心

154 *a.* 关心的; 有关的

155 *prep.* 关于, 有关

156 *vt.* 向…保证; 使确信

157 *n.* 保证; 信心

158 *vt.* 使惊吓

159 *a.* 前面的 *n.* 先例

160 *vt.* 领先于

161 *n.* 占星学, 占星术

162 *a.* 占星术的

163 *vt.* 授予

164 *a.* 精确的, 准确的

165 *ad.* 准确地; 正好

166 *n.* 精确, 精密 (度)

167 *vt.* 拿…冒险

168 *vi.* 冲突, 抵触

169 *vt./n.* 企图; 尝试

170 *a.* 动力 (学) 的; 动态的

171 *n.* 力学, 动力学

172 *vt.* 使面对; 使对抗

173 *n.* 对抗, 对质

174 *a.* 对抗的; 挑衅的

175 *a.* 怀孕的; 富有意义的

176 *vt.* 分类, 归类

177 *n.* 分类; 类别

178 *a.* 遗传的

179 *a.* 被打断的, 中断的

180 *n.* 中断; 障碍物

181 *n.* 方案, 计划 *v.* 密谋

182 *v.* 吸引; 引起

183 *a.* 有吸引力的

184 *v.* 连接

185 *n.* 连接; 关联

186 *a.* 意识到的

187 *n.* 意识

188 *ad.* 有意识地

189 *a.* 无意识的

190 *ad.* 无意识地

191 *a.* 意义深远的

192 *vt.* 保存; 保护

193 *n.* 保存; 保护

194 *a.* 保存的; 保守的

195 *vt.* 延长, 拖延

196 *vi.* 组成; 符合

197 *a.* 始终如一的; 一致的

198 *v.* 有用; 有益

199 *a.* 可利用的; 有效的

200 *n.* 有效 (性); 可用 (性)

201 *vt.* 促进; 晋升

202 *n.* 促进; 推广

203 *n.* 宪法; 构成

204 *vt.* 构成; 设立

205 *a.* 法治的

206 *n.* 合宪性

207 *a.* 违宪的

208 *v.* 粘贴; 坚持

209 *vt.* 建造; 创立

210 *n.* 建设; 建筑物

211 *vt.* 使繁殖; 使传播

212 *n.* 繁殖; 传播

213 *vt.* 刺激; 激励

214 *n.* 促进 (因素); 刺激 (物)

215 *vt.* 恐吓, 威胁

216 *vt./n.* 提及, 说起

217 *n.* 优越 (性), 优势

218 *v.* (使) 下降 *n.* 下降

219 *vt.* 排除, 不包括

220 *a.* 专用的; 独家的

221 *ad.* 专门地; 排外地

222 *n.* 缺口

223 *a.* 塑料制的 *n.* 塑料

224 *vt.* 减轻

225 *n.* 崩塌; (突然而又大量的) 涌现

226
outlet

227
resemble

228
lever

229
depredation

230
tackle

231
pragmatist

232
averse

233
starve

234
intact

235
jurisdiction

236
petrol

237
restroom

238
crumble

239
moreover

240
undercut

241
drumbeat

242
tent

243
mow

244
weed

245
garden

246
lawn

226 ☐
n. 出口, 出路; 专营店, 经销店

227 ☐
vt. 像, 类似于

228 ☐
n. 杠杆; 控制杆; 工具, 手段

229 ☐
n. 掠夺, 劫掠

230 ☐
vt. 处理, 解决; 对付

231 ☐
n. 实用主义者

232 ☐
a. 反对的; 不愿意的, 不喜欢的

233 ☐
v. (使) 挨饿; (使) 缺乏

234 ☐
adj. 完好无损的, 完整的

235 ☐
n. 司法权; 管辖权

236 ☐
n. 汽油

237 ☐
n. 洗手间; 休息室

238 ☐
v. 崩塌; (使) 粉碎; 衰退; 崩溃

239 ☐
adv. 此外, 而且

240 ☐
vt. 削弱

241 ☐
n. 鼓声; 持续的压力

242 ☐
n. 帐篷 *v.* 暂住

243 ☐
v./n. 割 (草), 修剪

244 ☐
n. 野草 *v.* 除草

245 ☐
n. 花园

246 ☐
n. 草坪, 草地

1 back	26 calling	51 vacuum
2 cake	27 so-called	52 wall
3 daily	28 damage	53 zest
4 face	29 earn	54 ability
5 facial	30 earner	55 able
6 gain	31 earning(s)	56 backload
7 habit	32 game	57 calm
8 habitation	33 jealous	58 damn
9 idea	34 jealousy	59 earth
10 jaw	35 kill	60 rear
11 key	36 labo(u)r	61 fact
12 label	37 laborer	62 gaping
13 naked	38 mad	63 hair
14 pace	39 mania	64 jeans
15 pattern	40 name	65 kin
16 quake	41 pack	66 kinship
17 rabbit	42 prose	67 magazine
18 safari	43 quality	68 narrow
19 tact	44 qualified	69 obscure
20 wake	45 qualification	70 prospect
21 zeal	46 race	71 quantity
22 zealous	47 safe	72 saint
23 abandon	48 safely	73 store
24 background	49 safety	74 tailor
25 call	50 unable	75 unacceptable

1 *n.* 后面 *a.* 后面的	**26** *n.* 职业, 工作	**51** *n.* 真空; 空虚
2 *n.* 蛋糕	**27** *a.* 所谓的, 号称的	**52** *n.* 围墙, 城墙
3 *a./ad.* 每日的 (地) *n.* 日报	**28** *n./vt.* 损害, 毁坏	**53** *n.* 热情
4 *n.* 脸 *v.* 面向	**29** *v.* 赚得; 获得	**54** *n.* 能力; 本领
5 *a.* 面部的, 脸的	**30** *n.* 赚钱者	**55** *a.* 有能力的
6 *vt.* 获得 *n.* 收益	**31** *n.* 收入; 利润	**56** *v.* 增加费用
7 *n.* 习惯; 习性	**32** *n.* 比赛; 游戏	**57** *n./a.* 平静 (的); 镇静 (的)
8 *n.* 居住	**33** *a.* 嫉妒的; 猜疑的	**58** *vt./n.* 诅咒, 咒骂
9 *n.* 想法; 思想	**34** *n.* 嫉妒; 猜忌	**59** *n.* 土地; 地球
10 *n.* 下巴	**35** *v.* 杀死; 宰杀	**60** *vt.* 抚养 *n./a.* 后面 (的)
11 *n.* 钥匙; 关键 *a.* 关键的	**36** *n.* 劳动; 劳动力 *vi.* 劳动; 干活	**61** *n.* 事实; 论据
12 *n.* 标签; 符号	**37** *n.* 劳工	**62** *a.* 张开的
13 *a.* 裸体的; 暴露的	**38** *a.* 发疯的, 精神狂乱的	**63** *n.* 头发, 毛发
14 *v.* 踱步 *n.* 节奏	**39** *n.* 狂热; 躁狂症	**64** *n.* 牛仔裤
15 *n.* 图案; 模式	**40** *n.* 姓名; 名称 *v.* 为…命名	**65** *n.* 亲戚 *a.* 有亲属关系的
16 *vi./n.* 摇晃; 震动	**41** *n.* 背包 *v.* 打包	**66** *n.* 亲属关系; 密切关系
17 *n.* 兔子	**42** *n.* 散文 *a.* 散文的	**67** *n.* 杂志, 期刊
18 *n.* 旅行	**43** *n.* 质量 *a.* 优质的	**68** *a.* 狭窄的 *vt.* 收缩
19 *n.* 触觉; 老练	**44** *a.* 合格的; 有资格的	**69** *a.* 黑暗的; 模糊的
20 *v.* 醒来; 觉醒	**45** *n.* 资格	**70** *n.* 前景, 展望
21 *n.* 热心, 热情	**46** *n./v.* 赛跑 *n.* 种族	**71** *n.* 数量; 大量
22 *a.* 热心的, 热情的	**47** *a.* 安全的; 保险的	**72** *n.* 道德崇高的人; 圣人
23 *vt.* 抛弃 *n.* 放纵	**48** *ad.* 安全地; 可靠地	**73** *n.* 贮存; 仓库 *v.* 贮存
24 *n.* 背景	**49** *n.* 安全; 安全设施	**74** *n.* 裁缝 *vt.* 裁制
25 *v./n.* 呼喊, 叫喊	**50** *a.* 无能为力的	**75** *a.* 不能接受的; 不受欢迎的

76 war

77 abound

78 abundant

79 abundantly

80 abundance

81 back-up

82 calorie

83 damp

84 dampen

85 easy

86 ease

87 factor

88 haircut

89 join

90 king

91 lack

92 nasty

93 observe

94 observer

95 packet

96 quarrel

97 raft

98 salary

99 take

100 ward

101 bizarre

102 budding

103 clue

104 recruit

105 recruiter

106 conspiracy

107 co-worker

108 dense

109 editorial

110 goal-focused

111 heaven

112 impinge

113 ink

114 introductory

115 landowner

116 lone

117 methodology

118 oversimplify

119 phrase

120 prejudice

121 publishing

122 rising

123 screener

124 skyscraper

125 supporter

126 thinness

127 unnamed

128 viscerally

129 welfare

130 about

131 about-face

132 bait

133 camp

134 continue

135 continuing

136 dance

137 economy

138 economic

139 economics

140 economist

141 fad

142 theory

143 theorize

144 gate

145 gatekeeper

146 hale

147 uniform

148 uniformly

149 uniformity

150 joint

76	101	126
n. 战争 *vi.* 打仗	*a.* 奇异的; 不同寻常的	*n.* 薄; 稀薄

77	102	127
vi. 充满, 富于	*a.* 萌芽的, 刚出现的	*a.* 未被命名的; 无名的

78	103	128
a. 大量的; 丰富的	*n.* 线索	*ad.* 出于本能地

79	104	129
ad. 大量地; 丰富地	*v.* 招募 *n.* 新兵	*n.* 福利 (救济)

80	105	130
n. 大量; 丰富	*n.* 招募者	*ad.* 大约

81	106	131
n. 后援; 备份	*n.* 阴谋; 共谋	*n.* 向后转身; 完全改变

82	107	132
n. 卡路里	*n.* 同事	*n.* 引诱物 *vt.* 激怒

83	108	133
a. 潮湿的	*a.* 稠密的; 难懂的	*n.* 营地 *v.* 扎营

84	109	134
vt. 使潮湿	*a.* 编辑的; 社论的 *n.* 社论	*v.* 继续

85	110	135
a./ad. 容易的 (地); 舒适的 (地)	*a.* 以目标为导向的	*a.* 连续的, 持续的

86	111	136
n. 舒适 *vt.* 减轻	*n.* 天堂	*v.* 跳舞 *n.* 舞蹈

87	112	137
n. 因素, 要素	*v.* 撞击; 影响	*n.* 经济; 节约

88	113	138
n. 理发	*n.* 墨水 *vt.* 使沾上墨水	*a.* 经济 (上) 的; 经济学的

89	114	139
v. (使) 结合; 参加	*a.* 引言的, 介绍性的	*n.* 经济学; 经济情况

90	115	140
n. 国王, 君主	*n.* 地主; 土地所有者	*n.* 经济学家; 节俭的人

91	116	141
v./n. 缺乏, 不足	*a.* 单独的	*n.* 狂热, 时尚

92	117	142
a. 下流的; 令人讨厌的	*n.* 方法学, 方法论	*n.* 理论, 学说

93	118	143
v. 观察; 遵守	*v.* (使) 过于简单化	*v.* 推理; (使) 理论化

94	119	144
n. 观察员; 遵守者	*n.* 短语 *vt.* 表达	*n.* 大门

95	120	145
n. 小包裹	*n.* 偏见, 成见 *vt.* 使有偏见	*n.* 看门人

96	121	146
n./vi. 争吵, 吵架	*n.* 出版业 *a.* 出版 (业) 的	*a.* 强壮的

97	122	147
n. 筏; 救生艇	*a.* 上升的; 增大的	*a.* 一致的 *n.* 制服

98	123	148
n. 工资, 薪水	*n.* 掩护队员; 过滤网	*ad.* 一致地; 一贯地

99	124	149
vt. 拿, 取	*n.* 摩天大楼	*n.* 同样, 一致 (性)

100	125	150
n. 看护; 病房	*n.* 支持者, 拥护者	*a.* 共同的

151 kit	176 relic	201 transcendence
152 lamb	177 runner	202 disintegrate
153 nation	178 self-defence	203 proportion
154 national	179 sneak	204 major
155 page	180 tier	205 majority
156 quarter	181 unrealistically	206 stakeholder
157 rage	182 volcano	207 liberal
158 sale	183 wholly	208 illiberal
159 talent	184 achieve	209 downhill
160 talented	185 achiever	210 streetlight
161 wardrobe	186 achievement	211 wrongdoing
162 above	187 believe	212 clawback
163 balance	188 belief	213 worsen
164 rebalance	189 unbelievable	214 plum
165 danger	190 create	215 pudding
166 edge	191 creature	216 dub
167 fade	192 creative	217 tie
168 gather	193 creativity	218 bury
169 gatherer	194 mutual	219 *aligned
170 half	195 mutually	220 retake
171 halve	196 exchange	221 petition
172 ill	197 proficiency	222 square
173 joke	198 proficient	223 declare
174 jokingly	199 trigger	224 horticultural
175 knight	200 warrant	

注：aligned 是动词 align 的过去分词，在语法意义上可作形容词使用。

151 n. 成套工具;工具箱	**176** n. 遗物;废墟	**201** n. 超越,卓越
152 n. 羔羊;羔羊肉	**177** n. 跑步者;信使	**202** v. (使) 碎裂;(使) 瓦解
153 n. 国家;民族	**178** n. 自卫,正当防卫	**203** n. 比例,比率
154 a. 国家的;民族的	**179** v. 潜行;私运	**204** a. 重要的 n. 专业
155 n. 页,页码	**180** n. 层;等级,层级	**205** n. 多数,大多数
156 n. 四分之一;一刻钟	**181** ad. 不切实际地,不现实地	**206** n. 股东;利益相关者
157 n. 狂怒,盛怒	**182** n. 火山	**207** a. 自由的 n. 自由主义者
158 n. 卖,出售	**183** ad. 完全地;全部地	**208** a. 不自由的,僵化的
159 n. 人才;才能	**184** v. 实现;达到	**209** n. 下坡 a. 下坡的
160 a. 有才能的,有才干的	**185** n. 获得成功的人	**210** n. 街灯
161 n. 衣柜;行头	**186** n. 完成;成就	**211** n. 不当行为
162 prep. 在…上面	**187** vt. 相信;信任	**212** n. 追回利益
163 n. 平衡;余额	**188** n. 相信,信任	**213** v. (使) 恶化
164 vt./n. 再平衡	**189** a. 令人难以置信的	**214** n. 李子
165 n. 危险;危险事物	**190** vt. 创造;产生	**215** n. 布丁
166 n. 边缘;棱	**191** n. 创造物;生物	**216** v. 给…起别名
167 vi. 褪去;逐渐消失	**192** a. 创造的;有创造力的	**217** v. 系,绑,缚;约束
168 v. 收集,聚集	**193** n. 创造力	**218** vt. 埋葬;掩埋,埋藏
169 n. 收集者	**194** a. 相互的;共同的	**219** a. 达成一致的
170 n. 一半,二分之一	**195** ad. 相互地;互助地	**220** vt./n. 重修(课程)
171 vt. 将…对分,平摊	**196** v./n. 交换;兑换	**221** n. 请愿书;申请书
172 n. 问题;疾病	**197** n. 精通,熟练	**222** adj. 整齐笔直的 n. 广场;平方
173 n. 笑话	**198** a. 精通的,熟练的	**223** v. 宣告;宣称
174 ad. 开玩笑地	**199** vt. 触发,引起	**224** adj. 园艺 (学) 的
175 n. 骑士;爵士	**200** n. 授权令;正当理由	

1 nationwide

2 pain

3 painful

4 protoscience

5 query

6 rail

7 saliva

8 talk

9 value

10 valuable

11 warn

12 absence

13 absent

14 ballet

15 canal

16 bipedal

17 dare

18 edit

19 editor

20 fail

21 failure

22 gay

23 hall

24 knit

25 lance

26 legal

27 illegal

28 make

29 native

30 native-born

31 paint

32 quest

33 railroad

34 salt

35 wash

36 band

37 cancel

38 database

39 faint

40 gear

41 vulnerable

42 vulnerability

43 hamburger

44 journey

45 knock

46 land

47 nature

48 natural

49 naturally

50 naturalization

51 pair

52 question

53 questionable

54 rain

55 sample

56 steer

57 taste

58 uncertain

59 uncertainty

60 waste

61 wasteful

62 banquet

63 cancer

64 control

65 date

66 fair

67 fairly

68 fairness

69 unfair

70 gender

71 hamper

72 joy

73 know

74 lane

75 male

1	26	51
a. 全国性的; 全国范围的	*a.* 法律的; 合法的	*n.* 一对 *v.* 成对
2	27	52
n. 疼痛, 痛苦	*a.* 不合法的, 非法的	*n.* 问题
3	28	53
a. 疼痛的	*vt.* 做, 制造	*a.* 可疑的, 不可靠的
4	29	54
n. 源科学	*a.* 本国的, 本土的	*n.* 雨 *vi.* 下雨
5	30	55
n./v. 询问; 疑问	*a.* 土著的, 土生土长的	*n.* 样本 *vt.* 抽样检查
6	31	56
n. 横杆; 铁轨	*n.* 油漆 *vt.* 绘画	*v.* 驾驶; 带领
7	32	57
n. 唾液, 口水	*n./v.* 探寻; 追求	*v.* 品尝 *n.* 味道
8	33	58
v. 谈话; 谈论	*n.* 铁路	*a.* 不确定的; 不可靠的
9	34	59
n. 价值; 价值观	*n.* 盐 *a.* 咸的	*n.* 不可靠; 不确定的事
10	35	60
a. 值钱的, 贵重的	*v.* 冲洗; 洗涤 *n.* 洗涤	*n.* 垃圾; 浪费
11	36	61
vt. 警告; 提醒	*n.* 带子; 乐队	*a.* 浪费的, 挥霍的
12	37	62
n. 不在; 缺少	*vt.* 删去; 撤销	*n.* 宴会 *v.* 宴请
13	38	63
a. 缺席的; 心不在焉的	*n.* 数据库, 资料库	*n.* 癌症; 弊端
14	39	64
n. 芭蕾舞	*v.* 昏倒 *a.* 微弱的	*vt./n.* 控制, 支配
15	40	65
n. 运河, (沟) 渠	*n.* 齿轮 *v.* (使) 适合	*n.* 日期 *v.* 注明日期 (于)
16	41	66
a. 两足 (动物) 的	*a.* 脆弱的	*a.* 公平的 *n.* 集市
17	42	67
v. aux. 敢, 敢于	*n.* 易受攻击; 弱点	*ad.* 公平地; 相当地
18	43	68
vt. 编辑; 校订	*n.* 汉堡包	*n.* 公平; 美好
19	44	69
n. 编辑; 校订者	*n.* 旅行 *vi.* 旅行	*a.* 不公平的; 不平等的
20	45	70
vi. 未能; 失败	*v./n.* 敲击, 撞击	*n.* 性别
21	46	71
n. 失败	*n.* 土地	*vt.* 妨碍; 牵制
22	47	72
a. 快乐的 *n.* 同性恋者	*n.* 自然; 天性	*n.* 欢乐, 喜悦
23	48	73
n. 门厅; 过道	*a.* 自然界的; 天然的	*vt.* 知道, 通晓
24	49	74
v. 编织; (使) 紧凑	*ad.* 自然地; 天然地	*n.* 小路; 小巷
25	50	75
vt. 用矛刺穿	*n.* 归化; 同化	*a.* 男性的; 雄性的

76 near	101 import	126 unnatural
77 nearly	102 importation	127 visibility
78 occupy	103 landscape	128 well-being
79 occupation	104 lottery	129 bar
80 palm	105 Midwestern	130 candidate
81 quick	106 necessity	131 dawn
82 quickly	107 Olympiad	132 effort
83 rally	108 overwhelming	133 faith
84 sand	109 physics	134 hand
85 street	110 premise	135 knowledge
86 tax	111 puffed-out	136 knowledgeable
87 vase	112 regrettably	137 language
88 watch	113 deliver	138 man
89 abroad	114 ritualistic	139 necessary
90 automobile	115 searing	140 necessarily
91 blunder	116 slim	141 pan
92 coach	117 statistician	142 quirk
93 conspire	118 biostatistician	143 sandal
94 cozy	119 survey	144 strong
95 deserving	120 thorny	145 strength
96 education	121 thornier	146 strengthen
97 educator	122 challenge	147 teach
98 enviable	123 unchallenged	148 unchangeable
99 flywheel	124 challenging	149 water
100 heel	125 translate	150 bare

76	101	126
ad. 接近 *a.* 近的	*v.* 进口	*a.* 不自然的, 做作的

77	102	127
ad. 几乎, 差不多	*n.* 进口, 引进	*n.* 可见度; 关注程度

78	103	128
vt. 占领; 占用	*n.* 风景; 情形	*n.* 幸福, 安康

79	104	129
n. 占领; 职位	*n.* 乐透, 博彩	*n.* 酒吧; 律师职业 *vt.* 封锁

80	105	130
n. 手掌; 棕榈 (树)	*a.* 中西部的	*n.* 候选人; 应试者

81	106	131
a./ad. 快的 (地), 迅速的 (地)	*n.* 必需品; 必要性	*n.* 黎明 *vi.* 破晓

82	107	132
ad. 快速地; 敏捷地	*n.* 奥运会周期	*n.* 努力; 成果

83	108	133
v./n. 集合 *n.* 集会	*a.* 压倒性的, 无法抵挡的	*n.* 信心; 信仰

84	109	134
n. 沙地, 沙滩	*n.* 物理学	*n.* 手 *vt.* 交, 递

85	110	135
n. 街道	*n.* 前提, 假设	*n.* 知识, 学识

86	111	136
n. 税, 负担	*a.* 气喘吁吁的	*a.* 博学的

87	112	137
n. 瓶; 花瓶	*ad.* 令人遗憾地; 可悲地	*n.* 语言

88	113	138
v./n. 观看, 注视	*v.* 投递; 发表	*n.* 男人; 人类

89	114	139
ad. 到国外; 广为流传地	*a.* 宗教仪式的; 例行的	*a.* 必然的 *n.* 必需品

90	115	140
n. 汽车	*a.* 灼热的; 强烈的	*ad.* 必然地; 必需地

91	116	141
n. 错误; 疏忽	*a.* 苗条的	*n.* 平底锅; 盘子

92	117	142
n. 教练; 辅导教师 *vt.* 训练	*n.* 统计学家	*n.* 奇事; 怪癖

93	118	143
v. 密谋; 共同导致	*n.* 生物统计学家	*n.* 凉鞋

94	119	144
a. 舒适的; 惬意的	*n.* 调查; 测量 *vt.* 调查; 评估	*a.* 强大的; 强烈的

95	120	145
a. 应得奖赏的, 应受支持的	*a.* 棘手的	*n.* 力量

96	121	146
n. 教育, 培养	*a.* 棘手的, 复杂的	*vt.* 加强; 巩固

97	122	147
n. 教育工作者; 教师	*v.* 反对; 向…挑战	*v.* 教, 讲授; 教导

98	123	148
a. 令人羡慕的	*a.* 未受挑战的	*a.* 不变的

99	124	149
n. 飞轮, 调速轮	*a.* 有挑战的; 艰巨的	*vt.* 灌溉

100	125	150
n. 脚后跟; 高跟鞋	*v.* 转变, 转化	*a.* 裸露的; 仅仅的

151 barely

152 cane

153 day

154 egregious

155 egregiously

156 fake

157 genealogy

158 genealogist

159 judiciary

160 large

161 largely

162 manage

163 manager

164 management

165 ocean

166 oceanic

167 quote

168 satellite

169 stern

170 team

171 unchanged

172 verbal

173 wave

174 cook

175 daze

176 eightfold

177 fall

178 fallout

179 hard

180 hardly

181 imagine

182 imaginable

183 imagination

184 jump

185 last

186 lasting

187 biomedical

188 mandarin

189 public

190 publicly

191 publication

192 publish

193 publisher

194 publicize

195 rank

196 satire

197 metrics

198 bulb

199 foreshadow

200 reflex

201 input

202 spring

203 surveillance

204 chain

205 glue

206 shortfall

207 soak

208 carbon

151 ad. 赤裸裸地；仅仅

152 n. 细长的茎，藤条

153 n. 天；白天

154 a. 非常的；极坏的

155 ad. 过分地；惊人地

156 v. 伪造 n. 假货

157 n. 家谱；族谱

158 n. 系谱学者

159 a. 司法的 n. 司法制度

160 a. 大的, 巨大的

161 ad. 大部分；大量地

162 vt. 管理；经营；设法

163 n. 管理者；经理

164 n. 管理；经营

165 n. 海洋

166 a. 海洋的；无垠的

167 v. 引用, 引述

168 n. 卫星；人造卫星

169 a. 严厉的；坚定的

170 n. 队, 组；团队

171 a. 不变的

172 a. 言语的

173 n. 波浪 v. 起伏

174 v. 烹调, 蒸煮

175 vt. 使发昏 n. 茫然

176 a./ad. 八倍的 (地)；八层的 (地)

177 vi. 落下 n. 秋天

178 n. 后果；影响

179 a. 硬的；困难的

180 ad. 几乎不

181 v. 想象, 设想

182 a. 可以想象的

183 n. 想象；空想

184 v./n. 跳, 跳跃

185 ad./a. 最后 (的) vi. 持续

186 a. 持久的, 持续的

187 a. 生物医学的

188 n. 官吏；普通话

189 a. 公众的 n. 公众

190 ad. 以公众名义

191 n. 发表；出版

192 vt. 发表；出版物

193 n. 发表者；出版者

194 vt. 宣传；推广

195 n. 等级 v. 排列

196 n. 讽刺, 讥讽

197 n. 指标

198 n. 电灯泡

199 vt. 预示, 预兆

200 n.(对刺激的)本能反应

201 vt./n. 输入(信息)

202 n. 春天；泉水；跳跃 vi. 涌现 vt. 突然跳出

203 n. 监督；监视；监测

204 n. 连锁店

205 n. 胶水；黏合剂

206 n. 不足

207 v. 吸收

208 n. [化学] 碳

1 stressed-out	27 neighbo(u)r	53 intrusiveness
2 technical	28 neighbo(u)rhood	54 lawmaker
3 unclear	29 offer	55 migrate
4 way	30 pull	56 Netherlands
5 accept	31 rapid	57 onerous
6 acceptable	32 rapidly	58 overwhelmingly
7 acceptance	33 strict	59 physique
8 accepted	34 technique/technic	60 preside
9 advocate	35 weak	61 punishment
10 advocacy	36 weaken	62 permanent
11 barrier	37 absurd	63 reinterpretation
12 cool	38 alongside	64 ruby
13 fame	39 await	65 second
14 generate	40 blank	66 slot
15 generation	41 buzzword	67 steadily
16 generational	42 cream	68 survival
17 harm	43 distort	69 thousand
18 harmful	44 electronic	70 unplug
19 image	45 environmentalist	71 vocabulary
20 indictment	46 extremely	72 whereas
21 indict	47 foe	73 access
22 just	48 government	74 accessible
23 late	49 governmental	75 base
24 latter	50 hide	76 basis
25 latest	51 improvement	77 captive
26 later	52 inquire	78 cope

1 a. 精疲力竭的	**27** n. 邻居	**53** n. 介入, 干涉
2 a. 工艺的; 技术 (上) 的	**28** n. 邻近; 地区	**54** n. 立法者
3 a. 不清楚的; 不清洁的	**29** v. 提供; 提议	**55** v. 迁移; 迁徙
4 n. 道路; 方法	**30** v./n. 拖, 拉	**56** n. 荷兰
5 vt. 接受; 同意	**31** a. 快速的, 急速的	**57** a. 繁重的; 负有义务的
6 a. 可以接受的; 令人满意的	**32** ad. 快速地, 迅速地	**58** ad. 压倒性地
7 n. 接受; 赞同	**33** a. 严格的; 周密的	**59** n. 体格; 体形
8 a. 被接受的	**34** n. 技术; 技巧	**60** vi. 主持; 负责 vt. 管理
9 vt. 拥护, 提倡 n. 拥护者	**35** a. 虚弱的, 衰弱的	**61** n. 惩罚; 粗暴对待
10 n. 主张, 倡导	**36** vt. 削弱, 减弱	**62** a. 永久的, 持久的
11 n. 栅栏; 障碍 (物)	**37** a. 荒谬的; 不合理的	**63** n. 重新解释
12 a. 凉快的 n. 凉爽	**38** prep. 在…旁边; 并列	**64** n. 红宝石
13 n. 名声, 名望	**39** vt. 等候, 等待	**65** n. 秒 ad. 第二
14 vt. 产生; 发电	**40** a. 空白的 n. 空白处	**66** vt. 跟踪; 插入 n. 时段
15 n. 产生; 一代 (人)	**41** n. 口号; 流行语	**67** ad. 稳定地; 稳固地
16 a. 一代的; 世代的	**42** n. 精华; 奶油	**68** n. 幸存, 残存
17 n./vt. 伤害, 损害	**43** v. 歪曲; 扭曲	**69** n. 一千; 许多
18 a. 有害的	**44** a. 电子 (化) 的	**70** vt. 拔掉…的插头
19 n. 形象, 印象	**45** n. 环保人士	**71** n. 词汇 (量)
20 n. 控诉; 起诉书	**46** ad. 极端地; 非常地	**72** conj. 但是; 反之
21 vt. 控告, 起诉	**47** n. 敌人; 反对者	**73** n. 接近; 入口
22 a. 公正的 ad. 恰好	**48** n. 政府; 管理	**74** a. 可接近的; 可得到的
23 a. 迟到的; 最近的	**49** a. 执政的, 统治的	**75** n. 基础 vt. 以…为根据
24 n. 后者	**50** v. 躲藏; 隐藏	**76** n. 基础
25 a. 最近的, 最新的	**51** n. 改善, 提高	**77** n. 俘虏
26 a. 更晚的	**52** v. 询问; 调查	**78** vi. 对付, 处理

79 deal

80 elder

81 elderly

82 generous

83 imitate

84 imitation

85 justice

86 launch

87 mankind

88 neither

89 office

90 official

91 officer

92 punch

93 rare

94 rarely

95 string

96 strip

97 unconventional

98 very

99 worth

100 worthy

101 baseline

102 copy

103 copyright

104 core

105 die

106 death

107 genre

108 harness

109 justify

110 justified

111 laureate

112 manner

113 old-fashioned

114 parallel

115 purchase

116 rat

117 save

118 saving

119 strive

120 teenager

121 teenage

122 uncool

123 perception

124 perceptive

125 perceive

126 wear

127 worn

128 beam

129 beaming

130 card

131 corporation

132 corporate

133 correct

134 debate

135 elegant

136 fantasy

137 fantastic

138 geography

139 geographic(al)

140 harsh

141 lay

142 manufacture

143 manufacturer

144 net

145 network

146 omnivore

147 pure

148 purity

149 puritan

150 rate

151 say

152 saying

153 struggle

154 studio

155 veteran

156 weather

79 n. 交易 v. 经营

80 n. 长者 a. 年龄较大的

81 a.年长的 n. 老年人

82 a.慷慨的, 大方的

83 vt. 模仿, 仿效

84 n. 模仿; 仿制品

85 n. 正义; 司法

86 vt. 发射; 开展

87 n. 人, 人类

88 a. (两者)都不的 conj. 也不

89 n. 办公室; 政府机关

90 n. 官员, 行政人员 a. 官方的, 正式的

91 n. 高级职员; 官员

92 n. 猛击

93 a. 稀薄的; 稀有的

94 ad. 很少; 极好地

95 n. 线 v. 伸展

96 vt. 剥去 n. 窄条

97 a. 不合传统的

98 ad. 非常 a. 完全的

99 n. 价值

100 a. 有价值的; 值得的

101 n. 基线, 底线

102 vt. 复印; 模仿 n. 副本

103 n. 版权

104 n. 核心, 精髓

105 vi. 死

106 n. 死, 死亡; 死神

107 n. 类型, 体裁

108 n. 马具 v. 治理

109 vt. 证明…是正当的

110 a. 合理的, 合法化的

111 n. 获奖者; 荣誉获得者

112 n. 方式; 态度

113 a. 老式的, 过时的

114 a. 平行的 n. 相似处

115 vt./n. 购买

116 n. 老鼠

117 v. 挽救; 节约; 储蓄

118 n. [pl.] 存款

119 vi. 努力; 斗争

120 n. 青少年

121 a. 青少年的

122 a. 不冷静的, 不沉着的

123 n. 理解; 感知

124 a. 感知的; 有洞察力的

125 vt. 理解

126 v. 穿戴; 磨损

127 a. 用旧的

128 n. 横梁; 光束

129 a. 耀眼的; 愉快的

130 n. 卡片; 名片

131 n. 公司; 法人

132 a. 公司的; 法人的

133 vt. 改正 a. 正确的

134 n./v. 辩论, 争论

135 a. 优美的; 雅致的

136 n. 幻想

137 a. 幻想的; 极好的

138 n. 地理(学)

139 a. 地理的

140 a. 粗糙的; 残酷的

141 vt. 设置; 使躺下

142 v. 生产, 制造

143 n. 制造商

144 n. 网

145 n. 网络

146 n. 杂食动物

147 a. 纯洁的; 纯粹的

148 n. 纯洁; 纯粹

149 n. 纯粹主义者; 清教徒

150 n. 比率 vt. 评估

151 v. 说, 讲 n. 决定权

152 n. 谚语

153 n./v. 努力; 斗争

154 n. 工作室; 演播室

155 n. 老兵 a. 经验丰富的

156 n. 天气; 暴风雨

157	bear	183	cottage	209	count
158	bearing	184	decade	210	brush
159	care	185	far-off	211	burn
160	debt	186	ghost	212	burnable
161	element	187	haul	213	acre
162	far	188	neural	214	acreage
163	get	189	online	215	lumber
164	haste	190	parent	216	overhaul
165	layout	191	parenthood	217	visa
166	march	192	rational	218	cumbersome
167	on	193	rationalist	219	raid
168	onward	194	scene	220	raisin
169	paraphrase	195	stun	221	bunch
170	purse	196	stunning	222	swap
171	ratio	197	style	223	staple
172	scale	198	stylish	224	aboard
173	study	199	stylist	225	skyrocket
174	stuffy	200	subconscious	226	unite
175	stuff	201	undergraduate	227	homeowner
176	underfund	202	vibrate	228	shortcut
177	via	203	vibrant	229	scenario
178	week	204	weep		
179	beard	205	accord		
180	career	206	according		
181	cost	207	beat		
182	costly	208	carrier		

157 vt. 生育；承受	**183** n. 村舍，小屋	**209** n. 计算；总数
158 n. 方位，导向	**184** n. 十年；十年期	**210** n. 刷子；灌木丛 v. 轻触
159 vi. 关心；介意	**185** a. 远方的，遥远的	**211** v. 燃烧；烧伤
160 n. 债，借款	**186** n. 鬼，幽灵	**212** a. 可燃的；易燃的
161 n. 组成部分；要素	**187** v./n. 拖，拉	**213** n. 英亩
162 a./ad. 远的（地）	**188** a. 神经系统的	**214** n. 面积；英亩数
163 vt. 得到；捉住	**189** a./ad. 联机的（地），在线的（地）	**215** n. 木材
164 n. 急忙；草率	**190** n. 父母	**216** n. 全面改革
165 n. 布局；安排	**191** n. 父母的身份	**217** n. 签证
166 vi. 行军；游行	**192** a. 理性的；合理的	**218** a. 麻烦的；难处理的
167 prep. 在…上；在…旁	**193** n. 理性主义者	**219** v. 袭击，突袭 n. 袭击，突袭；搜查
168 ad./a. 向前（的）；在前面（的）	**194** n. 风景；舞台	**220** n. 葡萄干
169 n./v. 释义；改述	**195** vt. 使惊吓；使昏迷	**221** n. 群；串；束
170 n. 钱包；金钱	**196** a. 令人震惊的	**222** v./n. 交换，调换
171 n. 比，比率	**197** n. 风格；类型	**223** n. 主要产品 a. 主要的；大宗生产的
172 n. 刻度；规模	**198** a. 时髦的，漂亮的	**224** adv./prep. 上（船、飞机、车等）
173 n. 学习；研究；书房	**199** n. 设计师，造型师	**225** vi.（价格等）暴涨，猛涨
174 a. 不通气的；沉闷的	**200** n./a. 潜意识（的），下意识（的）	**226** v.（使）联合；（使）合并
175 n. 原料 vt. 装满	**201** n. 大学生，大学肄业生	**227** n. 房主
176 vt. 对…提供的资金不足	**202** v.（使）振动；（使）摇摆	**228** n. 近路；捷径
177 prep. 通过，凭借	**203** a. 振动的	**229** n. 设想；场景
178 n. 周，一星期	**204** vi. 哭泣，流泪	
179 n. 胡须	**205** n. 一致，符合	
180 n. 生涯；职业	**206** a. 相符的；相应的	
181 n. 费用；成本	**207** n. 敲击；节奏	
182 a. 昂贵的	**208** n. 承载者；运输公司	

___ 月 ___ 日

1. counter
2. counterculture
3. decent
4. far-reaching
5. gift
6. have
7. impact
8. lead
9. leader
10. leadership
11. marine
12. never
13. nevertheless
14. open
15. part
16. raw
17. subfield
18. tempt
19. underground
20. vice
21. vicious
22. weigh
23. amendment
24. backdrop
25. block
26. campus

27. coax
28. creation
29. devastating
30. elicit
31. envy
32. falsehood
33. foresight
34. government-defined
35. distinct
36. distinctly
37. distinctive
38. insecurity
39. lawsuit
40. lucrative
41. milestone
42. newcomer
43. onion
44. packed
45. pile
46. architect
47. architecture
48. presuppose
49. pupil
50. reliance
51. invest
52. investment

53. investor
54. slow
55. step
56. swallow
57. throne
58. traveller
59. unpopular
60. vocal
61. whereby
62. bed
63. embed
64. bedrock
65. carry
66. country
67. countryside
68. elite
69. farther
70. commission
71. commissioner
72. commit
73. giggle
74. hawk
75. leak
76. leakage
77. mark
78. markedly

1. *n.* 柜台	27. *v.* 哄诱; 小心摆弄	53. *n.* 投资者
2. *n.* 反主流文化	28. *n.* 创造; 艺术作品	54. *a.* 缓慢的 *v.* 放慢
3. *a.* 正派的; 体面的	29. *a.* 毁灭性的; 引人注目的	55. *n.* 步调; 步骤 *v.* 踱踏
4. *a.* 深远的	30. *vt.* 引出, 诱出	56. *vt.* 吞咽; 掩饰(情感) *n.* 燕子
5. *n.* 礼物; 天赋	31. *n./v.* 嫉妒, 羡慕	57. *n.* 王座
6. *vt.* 有, 拥有	32. *n.* 谬误; 虚伪	58. *n.* 旅行者
7. *v.* 冲击 *n.* 影响	33. *n.* 前景; 远见	59. *a.* 不受欢迎的; 不流行的
8. *v.* 领导; 导致 *n.* 榜样	34. *a.* 政府规定的	60. *a.* 声音的; 直言不讳的
9. *n.* 领袖; 首领	35. *a.* 清晰的; 明显的	61. *ad.* 借以, 凭此
10. *n.* 领导; 领导才能	36. *ad.* 清晰地; 明显地	62. *n.* 床; 地层
11. *a.* 海洋的; 航海的	37. *a.* 区别的; 独特的	63. *vt.* 嵌入; 使牢记
12. *ad.* 决不, 永不	38. *n.* 不安全; 心神不定	64. *n.* 基础; 基本原则
13. *conj./ad.* 然而	39. *n.* 诉讼; 案件	65. *vt.* 运输; 搬运
14. *v.* 打开 *a.* 公开的	40. *a.* 赚钱的, 获利多的	66. *n.* 国土; 国家
15. *n.* 部分 *vt.* 使分离	41. *n.* 里程碑; 转折点	67. *n.* 乡下, 农村
16. *a.* 未经加工的; 生的	42. *n.* 新手; 新生事物	68. *n.* 精英, 优秀分子
17. *n.* 子域; 分科	43. *n.* 洋葱	69. *a./ad.* 更远的(地); 更进一步的(地)
18. *v.* 引诱; 吸引	44. *a.* 充满…的, 富含…的	70. *n.* 委任; 委员会
19. *a./ad.* 地下的(地); 秘密的(地)	45. *n.* 一堆 *v.* 堆放, 堆积	71. *n.* 委员, 专员
20. *n.* 邪恶; 恶习	46. *n.* 建筑师; 设计师	72. *vt.* 委托; 犯(罪)
21. *a.* 邪恶的; 恶毒的	47. *n.* 建筑(物); 结构	73. *v./n.* 咯咯笑, 傻笑
22. *vt.* 称重; 权衡	48. *vt.* 预先假定	74. *n.* 主战派成员
23. *n.* 修正案; 修订	49. *n.* 小学生; 瞳孔	75. *vi.* 泄露 *n.* 漏洞
24. *n.* 背景	50. *n.* 依靠, 依赖	76. *n.* 泄漏
25. *vt.* 阻碍; 阻塞 *n.* 街区	51. *v.* 投(资); 投入	77. *n.* 记号 *vt.* 标明
26. *n.* (大学)校园	52. *n.* 投资; 投入	78. *ad.* 显著地, 明显地

79 new	105 operate	131 fashionable
80 newly	106 operation	132 head
81 opera	107 operational	133 headache
82 partial	108 puzzle	134 learn
83 reach	109 puzzled	135 learned
84 school	110 react	136 marketplace
85 subsequent	111 reactor	137 newsstand
86 tend	112 reaction	138 opportunity
87 tendency	113 science	139 ready
88 weird	114 scientist	140 readily
89 carve	115 scientific	141 readiness
90 couple	116 subtitle	142 subtle
91 courage	117 tense	143 success
92 courageous	118 undermine	144 successfully
93 decide	119 victory	145 succession
94 decision	120 well	146 succeed
95 decisive	121 behave	147 suffer
96 decisiveness	122 behavio(u)r	148 term
97 else	123 behavio(u)ral	149 short-termism
98 give	124 cash	150 long-termism
99 given	125 course	151 understand
100 haze	126 cover	152 understandable
101 lean	127 coverage	153 understandably
102 market	128 crack	154 understanding
103 marketer	129 elude	155 view
104 newsprint	130 fashion	156 well-connected

79 a. 新的; 新近出现的	**105** v. 操作; 动手术	**131** a. 流行的, 时髦的
80 ad. 最近, 近来	**106** n. 操作; 手术	**132** n. 头; 领导
81 n. 歌剧; 歌剧院	**107** a. 操作的; 运营的	**133** n. 让人头痛的事
82 a. 部分的; 不公平的	**108** n. 难题 v. (使) 迷惑	**134** v. 学, 学习
83 v. 到达; 伸手够到	**109** a. 迷惑的, 困惑的	**135** a. 有学问的; 学术上的
84 n. 学院; 学派	**110** vi. 做出反应	**136** n. 市场
85 a. 随后的, 后来的	**111** n. 反应装置; 核反应堆	**137** n. 报摊
86 v. 倾向; 照料	**112** n. 反应	**138** n. 机会, 良机
87 n. 趋势; 倾向	**113** n. 科学 (知识)	**139** a. 准备好的; 乐意的
88 a. 古怪的, 离奇的	**114** n. 科学家; 科学工作者	**140** ad. 欣然地, 乐意地
89 vt. 雕刻; 开创	**115** a. 科学的	**141** n. 准备就绪; 愿意
90 n. (一) 对; 数个; 夫妇	**116** n. 副标题	**142** a. 巧妙的; 微妙的
91 n. 勇气, 胆量	**117** v. (使) 拉紧	**143** n. 成功, 胜利
92 a. 勇敢的, 无畏的	**118** vt. 暗中破坏	**144** ad. 成功地, 顺利地
93 v. 决定; 下决心	**119** n. 胜利; 成功	**145** n. 连续; 继任
94 n. 决定; 决心	**120** ad. 很好地 n. 水井	**146** vi. 成功, 胜利
95 a. 决定 (性) 的; 坚决的	**121** vi. 表现; 行为得体	**147** v. 遭受, 受苦
96 n. 坚决, 果断	**122** n. 行为, 举止	**148** n. 学期; 术语
97 ad. 另外; 否则	**123** a. 行为的	**149** n. 短期效益主义
98 vt. 给 vi. 捐赠; 让步	**124** n. 现金 vt. 兑现	**150** n. 长期效益主义
99 prep. 考虑到 a. 赠予的	**125** n. 过程, 进程	**151** v. 了解, 懂得
100 n. 薄雾 v. (使) 模糊	**126** vt. 覆盖; 报道 vi. 代替	**152** a. 可理解的
101 a. 瘦的 v. (使) 倾斜	**127** n. 覆盖; 新闻报道	**153** ad. 可理解地
102 n. 市场, 集市	**128** n. 裂缝; 爆裂声	**154** n. 了解; 理解 (力)
103 n. 市场营销人员, 营销商	**129** vt. 逃避, 躲避	**155** n. 景色 vt. 看待
104 n. 新闻用纸; 报刊文章	**130** n. 流行; 时尚	**156** a. 精心构思的

157 behind	183 viewpoint	209 enact
158 cast	184 well-educated	210 overarching
159 craft	185 amid	211 grocery
160 craftsman	186 ban	212 bold
161 crash	187 blow	213 cynic
162 craze	188 cap	214 verge
163 crazy	189 coding	215 hotel
164 e-commerce	190 coder	216 nudge
165 fast	191 creep	217 library
166 headhunter	192 distress	218 photocopier
167 least	193 equation	219 software
168 marry	194 falsely	220 plateau
169 nightfall	195 forge	221 premium
170 party	196 grade	222 upgrade
171 partner	197 hindrance	223 accumulate
172 real	198 incite	224 algorithm
173 really	199 law	225 advent
174 reality	200 lawyer	226 rampant
175 scope	201 million	227 renowned
176 suggestion	202 newsroom	228 snap
177 suggest	203 opinion	229 landmark
178 suit	204 painlessly	230 basin
179 suitable	205 please	231 geological
180 suitability	206 push	232 trip
181 terror	207 single-use	233 juggle
182 terrorism	208 cutlery	234 portable

157 prep. 在…的后面	**183** n. 观点,看法	**209** vt. 实施,实行;制定,颁布 (法律)
158 vt./n. 投掷;投 (票)	**184** a. 受过良好教育的	**210** a. 总体的
159 n. 工艺;航空器	**185** prep. 在…中间	**211** n. 食品杂货;食品杂货店
160 n. 工匠;手艺人	**186** vt. 禁止 n. 禁令	**212** a. 大胆的,勇敢的
161 vi./n. 碰撞;坠落	**187** v. 吹,刮;吹奏	**213** a. 愤世嫉俗的 n. 愤世嫉俗者;悲观者
162 n. 狂热,疯狂	**188** vt. 覆盖;限制	**214** vi. 濒临,接近 n. 边缘,边际
163 a. 疯狂的,狂热的	**189** n. 编码,译码	**215** n. 旅馆,客栈
164 n. 电子商务	**190** n. 编码器	**216** v. 轻推;推开
165 a./ad. 迅速的 (地)	**191** vi. 爬行,缓慢行进	**217** n. 图书馆
166 n. 猎头	**192** n. 悲痛;不幸 vt. 使痛苦	**218** n. 影印机;复印机
167 a. 最少的 n. 最小;最少	**193** n. 等式;平衡	**219** n. 软件
168 vi. 结婚	**194** ad. 错误地;虚伪地	**220** vi. 陷入停滞;趋于平稳 n. 稳定期,停滞期
169 n. 黄昏,傍晚	**195** v. 加强;仿制	**221** n. 保险费;津贴 adj. 高端的,优质的
170 n. 聚会;当事人;政党	**196** n. 成绩;等级 v. 分等级	**222** v. (使) 升级;改善 n. 升级
171 n. 伙伴,搭档;配偶	**197** n. 妨碍,阻碍	**223** v. 积累,积聚
172 a. 真的,真正的	**198** vt. 煽动;激励	**224** n. (计算机) 算法
173 ad. 真正地	**199** n. 法律,法规;法学;规律,定律	**225** n. 出现,到来
174 n. 真实,现实	**200** n. 律师	**226** adj. 十分严重的;猖獗的
175 n. 视野;范围	**201** n. 百万 a. 大量的	**227** adj. 著名的,有名望的
176 n. 建议,意见	**202** n. 新闻编辑部	**228** v. 折断;拍照 n. 咔嚓声;快照 adj. 突然的
177 vt. 建议;表明	**203** n. 看法,观点	**229** n. 地标;里程碑
178 v. 适合 n. 一套衣服	**204** ad. 无痛地;不费力地	**230** n. 流域;盆地
179 a. 适宜的;合适的	**205** vt. 使高兴 int. 请	**231** adj. 地质 (学) 的
180 n. 适当,适合	**206** v. 推动;鼓励	**232** n. (短途) 旅游 v. 绊倒
181 n. 恐怖,惊骇	**207** a. 一次性的	**233** v. 尽力应付 (两个或两个以上的工作) n. 杂技
182 n. 恐怖主义,恐怖行动	**208** n. 刀叉餐具,刀具	**234** adj. 便携式的;轻便的

1 ember	26 crime	51 favo(u)rable
2 fate	27 crisis	52 favo(u)rite
3 fatal	28 crucial	53 glimpse
4 glare	29 fault	54 impossible
5 glaring	30 gleam	55 impossibility
6 headline	31 headlong	56 massacre
7 imply	32 no	57 noble
8 leave	33 not	58 oral
9 nightmare	34 option	59 past
10 pass	35 optional	60 reason
11 passing	36 passion	61 reasoned
12 score	37 passionate	62 reasonable
13 suite	38 reap	63 reasonably
14 superb	39 superior	64 reasoning
15 superhigh	40 superstar	65 supplement
16 test	41 superstition	66 text
17 undo	42 testify	67 wheel
18 vigo(u)r	43 undoubtedly	68 bend
19 vigo(u)rous	44 village	69 category
20 vigo(u)rously	45 well-meaning	70 cross
21 well-known	46 bench	71 crow
22 belong	47 catch	72 eminent
23 cataract	48 crop	73 fear
24 cricket	49 decrease	74 fearful
25 criminal	50 favo(u)r	75 fearsome

1	26	51
n. 余烬, 余火	*n.* 罪, 罪行; 犯罪	*a.* 讨人喜欢的; 赞同的

2	27	52
n. 命运 *vt.* 注定	*n.* 危机; 关键时刻	*a.* 特别喜爱的

3	28	53
a. 致命的	*a.* 至关重要的, 决定性的	*v./n.* 瞥见

4	29	54
n. 怒目而视	*n.* 缺点; 故障	*a.* 不可能的

5	30	55
a. 明显的; 耀眼的	*n.* 微光 *vi.* 闪烁	*n.* 不可能性

6	31	56
n. 大字标题	*a./ad.* 迅猛的 (地)	*n.* 残杀

7	32	57
vt. 暗示; 意指	*ad.* 不 *a.* 没有的	*a.* 高贵的 *n.* 贵族

8	33	58
vt. 离开; 剩下	*ad.* 不, 没有	*a.* 口头的, 口述的

9	34	59
n. 噩梦	*n.* 选择; 选择权	*a.* 过去的 *n.* 昔日

10	35	60
v. 通过; 及格	*a.* 可任意选择的	*n.* 理由 *v.* 推理

11	36	61
n. 通过 *a.* 短暂的	*n.* 热情, 激情	*a.* 理由充分的

12	37	62
n. 得分; 二十	*a.* 热烈的; 易怒的	*a.* 合理的

13	38	63
n. 随从; 套房	*v.* 收割; 收获	*ad.* 有理地; 合理地

14	39	64
a. 宏伟的, 华丽的	*a.* 位置较高的; 上等的	*n.* 推理

15	40	65
a. 超高的	*n.* 超级明星	*n.* 补充 (品); 附录

16	41	66
n./vt. 测验; 检验	*n.* 迷信; 迷信行为	*n.* 课文; 原文

17	42	67
vt. 打开; 消除影响	*v.* 证明, 证实	*v.* 旋转 *n.* 车轮

18	43	68
n. 精力, 活力	*ad.* 毫无疑问地	*n.* 弯曲; 弯腰

19	44	69
a. 精力旺盛的	*n.* 村庄	*n.* 种类; 类型

20	45	70
ad. 精力充沛地	*a.* 善意的, 出于好心的	*n.* 十字架 *v.* 交叉

21	46	71
a. 出名的, 众所周知的	*n.* 长椅; 工作台	*v.* 啼叫 *n.* 乌鸦

22	47	72
vi. 属于; 应归入	*v.* 赶上; 抓住; 捕获	*a.* 显赫的, 杰出的

23	48	73
n. 大瀑布; 白内障	*n.* 庄稼; 收成	*n./v.* 害怕; 担心

24	49	74
n. 蟋蟀; 板球 (运动)	*v./n.* 减少, 减小	*a.* 害怕的; 可怕的

25	50	75
a. 犯罪的 *n.* 罪犯	*vt.* 拥护; 赞同	*a.* 可怕的, 吓人的

___月___日

76	fearsomely	101	accessibility	126	pleasurable
77	globe	102	annoy	127	probably
78	global	103	blur	128	queen
79	globalize	104	capital	129	runway
80	heavy	105	capitalism	130	self-esteem
81	impress	106	consulting	131	socially
82	impressive	107	criteria	132	sticker
83	position	108	device	133	symbolic
84	positive	109	devise	134	time-consuming
85	positively	110	ditch	135	try
86	mass-market	111	e-mail/email	136	trial
87	nod	112	era	137	unreasonable
88	orange	113	fan	138	voluntary
89	pastime	114	forget	139	voluntarily
90	recall	115	granny	140	whopping
91	search	116	hint	141	act
92	supply	117	investigation	142	action
93	supplier	118	laziness	143	cate
94	support	119	commodity	144	cater
95	supportive	120	mindset	145	complement
96	textile	121	extract	146	complementary
97	assemble	122	extraction	147	crown
98	assembly	123	majestic	148	crush
99	Virginia	124	nobility	149	emotion
100	whip	125	opponent	150	emotional

76 ad. 可怕地	101 n. 可获得;易接近	126 a. 快乐的;令人愉快的
77 n. 地球;世界	102 vt. 惹恼;使烦恼	127 ad. 大概,可能
78 a. 球状的;全球的	103 v. (使)变得模糊	128 n. 女王;王后
79 vt. 使全球化	104 n. 首都,首府	129 n. 跑道;T型台
80 a. 重的;大量的	105 n. 资本主义(制度)	130 n. 自尊;自负
81 vt. 压印;给…留下印象	106 a. 咨询的	131 ad. 在社交方面
82 a. 给人印象深刻的	107 n. 标准,准则	132 n. 张贴物;坚持不懈的人
83 n. 位置;职位	108 n. 装置,设备;方法	133 a. 象征性的;符号的
84 a. 确定的;积极的	109 vt. 设计,策划	134 a. 费时的;旷日持久的
85 ad. 积极地	110 vt. 丢弃;摆脱 n. 沟,渠	135 v. 试图;尝试
86 a. 畅销的	111 n. 电子邮件	136 n. 审判;试用
87 vt. 点(头)	112 n. 时代;纪元	137 a. 不合理的;不切实际的
88 n. 橘子;橙色	113 v. 煽动,鼓动 n. 粉丝	138 a. 自愿的
89 n. 消遣,娱乐	114 v. 忘记;忽略	139 ad. 自愿地,自发地
90 vt. 回忆;收回	115 n. 奶奶;外婆	140 a. 巨大的,庞大的
91 v./n. 搜查;仔细检查	116 v. 暗示 n. 线索	141 vi. 充当;起作用;行动 n. 法令
92 vt. 补充;供给	117 n. 调查,研究	142 n. 行动;行为
93 n. 供应者,供应商	118 n. 懒惰,懒散	143 n. 美食
94 vt./n. 支持,拥护	119 n. 日用品,商品	144 v. 提供饮食;迎合
95 a. 支撑的;支持的	120 n. 思维模式;心态	145 vt. 补充,补足
96 n. 纺织品 a. 纺织的	121 vt. 抽出;摘录	146 a. 补充的,补足的
97 v. 聚集,集合	122 n. 提取物;抽样	147 n. 王冠,皇冠
98 n. 集会,集合	123 a. 壮丽的;雄伟的	148 vt. 压碎;镇压
99 n. 弗吉尼亚(州)	124 n. 贵族;高尚的品格	149 n. 感情;情绪
100 n. 鞭子 v. 抽打	125 n. 对手;反对者	150 a. 感情(上)的

151 gloom

152 gloominess

153 dome

154 hedge

155 improper

156 leisure

157 master

158 noisy

159 noise

160 noisiness

161 patch

162 season

163 seasonal

164 sure

165 surely

166 thank

167 unfairness

168 whirl

169 active

170 actively

171 activist

172 activity

173 activate

174 beside

175 besides

176 cause

177 cry

178 cucumber

179 cult

180 glow

181 glowingly

182 height

183 heighten

184 improve

185 lend

186 masterpiece

187 order

188 orderly

189 patchwork

190 secret

191 surge

192 surgeon

193 surgery

194 surgical

195 surpass

196 theatre/theater

197 unfashionable

198 whisper

199 whispered

200 bestseller/best-seller

201 caution

202 cautious

203 cautiously

204 culture

205 curb

206 cure

207 do

208 deed

209 feeble

210 go

211 help

212 helpful

213 helpless

214 inability

215 long

216 length

217 lengthy

218 mastery

219 organ

220 organic

221 organism

222 sector

223 surplus

224 surprise

225 surprising

151 □	176 □	201 □
n. 阴暗 *v.* 感到沮丧	*n.* 原因; 事业	*n.* 小心 *vt.* 警告
152 □	**177** □	**202** □
n. 阴暗; 忧郁	*vi./n.* 哭泣, 哭喊	*a.* 小心的
153 □	**178** □	**203** □
n. 圆屋顶; 苍穹	*n.* 黄瓜	*ad.* 小心地, 谨慎地
154 □	**179** □	**204** □
n. 防护措施 *vt.* 用篱笆围住	*n.* 狂热崇拜	*n.* 文化; 培育
155 □	**180** □	**205** □
a. 不适当的; 不正确的	*n.* 暗淡的光; 发热	*vt./n.* 控制; 束缚
156 □	**181** □	**206** □
n. 闲暇; 安逸	*ad.* 极其地; 灼热地	*v.* 治疗 *n.* 医治; 疗法
157 □	**182** □	**207** □
v. 掌握; 精通 *n.* 大师; 硕士	*n.* 高度; 高处	*v.* 做, 干
158 □	**183** □	**208** □
a. 喧闹的, 嘈杂的	*vt.* 增高; 提高	*n.* 行为, 行动
159 □	**184** □	**209** □
n. 喧闹声, 噪音	*v.* 改善; 进步	*a.* 虚弱的, 无力的
160 □	**185** □	**210** □
n. 吵闹, 喧闹	*vt.* 借给, 贷 (款)	*vi.* 离去; 走
161 □	**186** □	**211** □
n. 补丁 *vt.* 修补	*n.* 杰作	*v./n.* 帮助, 援助
162 □	**187** □	**212** □
n. 季节	*n.* 秩序, 顺序 *v.* 订购	*a.* 有益的
163 □	**188** □	**213** □
a. 季节 (性) 的; 周期性的	*a.* 有条理的, 整齐的	*a.* 无助的, 无用的
164 □	**189** □	**214** □
a. 肯定的; 有把握的	*n.* 拼凑物	*n.* 无能, 无力; 不能
165 □	**190** □	**215** □
ad. 确实, 必定	*n./a.* 秘密 (的), 机密 (的)	*a./ad.* 长的 (地); 长久的 (地)
166 □	**191** □	**216** □
vt./n. 谢谢, 感谢	*n.* 巨浪; 汹涌澎湃	*n.* 长度
167 □	**192** □	**217** □
n. 不公平; 不正当	*n.* 军医; 外科医生	*a.* 漫长的; 冗长的
168 □	**193** □	**218** □
v./n. 旋转, 打转	*n.* 外科 (手术); 手术室	*n.* 精通; 优势
169 □	**194** □	**219** □
a. 积极的, 活跃的	*a.* 外科的, 外科手术的	*n.* 器官; 机构
170 □	**195** □	**220** □
ad. 主动地; 活跃地	*vt.* 超过, 胜过	*a.* 器官的; 有机体的
171 □	**196** □	**221** □
n. 活动家; 积极分子	*n.* 电影院; 戏剧 (界)	*n.* 有机体; 生物体
172 □	**197** □	**222** □
n. 活动; 活跃	*a.* 不流行的, 过时的	*n.* 部分; 防区
173 □	**198** □	**223** □
vt. 使活跃; 开动	*n.* 耳语, 私语	*n.* 过剩 *a.* 剩余的
174 □	**199** □	**224** □
prep. 在…旁边	*a.* 小声的; 耳语的	*vt.* 使吃惊 *n.* 惊奇
175 □	**200** □	**225** □
prep. 除…之外	*n.* 畅销书	*a.* 惊人的

226 surprisingly

227 theft

228 unfavo(u)rable

229 virtuoso

230 virtuosity

231 ecosystem

232 insincere

233 senate

234 senator

235 parity

236 quota

237 little

238 frown

239 self-serving

240 court

241 mirror

242 golden

243 scoop

244 everything

226 □

ad. 惊人地

227 □

n. 偷窃 (行为)

228 □

a. 不适宜的, 不利的

229 □

n. 艺术大师 *a.* 艺术爱好者的

230 □

n. 精湛技艺

231 □

n. 生态系统

232 □

a. 不真诚的

233 □

n. 参议院

234 □

n. 参议员

235 □

n. 平等; 同等; 相等

236 □

n. 定额, 限额; 配额

237 □

a. 小的; 很少的 *ad.* 完全不 *n.* 少许

238 □

v. 皱眉; 不同意, 不赞成

239 □

a. 自私自利的

240 □

n. 法院; 庭院

241 □

vt. 反映 *n.* 镜子

242 □

a. 金色的

243 □

n. 勺; 铲子 *v.* 铲起, 舀起

244 □

pron. 每件事物; 一切, 万事

1 cave	26 whole	51 unfold
2 curious	27 add	52 visible
3 curiosity	28 addition	53 visibly
4 routine	29 bias	54 wholesale
5 routinely	30 biased	55 across
6 curse	31 celebrate	56 anxious
7 deem	32 celebrity	57 attack
8 feed	33 curve	58 bandwidth
9 god	34 custom	59 body
10 herb	35 default	60 carry-on
11 less	36 good	61 cultural
12 lesser	37 goodness	62 divert
13 match	38 herd	63 embarrassed
14 pater	39 inborn	64 embarrassment
15 paternal	40 lest	65 embarrassing
16 paternity	41 mate	66 erase
17 recollect	42 nonsense	67 fantasize
18 secular	43 attach	68 grassland
19 suspect	44 orient	69 holiness
20 suspicion	45 pathway	70 instinctive
21 theme	46 suspend	71 investigator
22 conduct	47 swab	72 leading
23 conductor	48 theology	73 minimal
24 unfocused	49 theological	74 minimalist
25 virtuous	50 unfolding	75 oppressive

1. n. 山洞, 洞穴	26. a. 全部的 n. 全体	51. v. 展开; 呈现
2. a. 好奇的; 奇怪的	27. v. 加, 增加	52. a. 可看见的; 明显的
3. n. 好奇心; 珍品	28. n. 加, 附加	53. ad. 看得见地; 明显地
4. a. 例行的; 常规的	29. n. 偏见; 偏心	54. a. 大规模的 n. 批发
5. ad. 日常地	30. a. 有偏见的	55. prep./ad. 横跨; 交叉
6. v./n. 诅咒, 咒骂	31. v. 庆祝; 举行	56. a. 渴望的; 焦虑的
7. vt. 深信, 认为	32. n. 名人; 名声	57. v./n. 攻击, 袭击
8. v. 喂养	33. n. 曲线 v.(使)弯曲	58. n. 带宽
9. n. 上帝; 神	34. n. 习惯, 习俗	59. n. 群体; 主体
10. n. 药草; 草本植物	35. n./v. 违约; 缺席	60. n. 手提行李 a. 随身携带的
11. a. 更少的	36. a. 好的 n. 好处	61. a. 文化的; 培养的
12. a. 较小的; 次要的	37. n. 善良, 美德	62. v.(使)转移
13. n. 比赛 v.(和…)匹配	38. vt. 放牧 n. 兽群	63. a. 窘迫的; 尴尬的
14. n. 父亲	39. a. 天生的, 天赋的	64. n. 窘迫; 尴尬
15. a. 父亲的; 如父亲般的	40. conj. 唯恐, 以免	65. a. 令人尴尬的
16. n. 父亲的身份	41. n. 伙伴 v. 结伴	66. vt. 忘掉; 删除
17. v. 回忆, 回想	42. n. 胡说, 废话	67. v. 想象, 幻想
18. a. 世俗的; 不朽的	43. v. 附加; (使)依附	68. n. 草地, 草场
19. v. 怀疑 n. 嫌疑犯	44. n. 东方 vt. 为…定位	69. n. 神圣
20. n. 怀疑; 少量	45. n. 小路; 路径	70. a. 本能的; 直觉的
21. n. 主题; 主旋律	46. v. 悬挂; 暂停	71. n. 调查者; 研究员
22. vt. 引导 n. 行为, 举动	47. v. 擦洗 n. 药签	72. a. 最重要的; 首位的
23. n. 指导者, 管理者	48. n. 神学; 宗教理论	73. a. 最小的; 极其少的
24. a. 无焦点的; 自由的	49. a. 神学的	74. a. 极简 (抽象派) 的
25. a. 品德高的	50. n. 伸展; 呈现	75. a. 压迫的; 沉闷的

76 paper	101 non-standard	126 normally
77 pocketbook	102 origin	127 patrol
78 problem	103 original	128 reconstruct
79 problematic	104 originally	129 reconstruction
80 reader	105 originate	130 seek
81 remodel	106 patient	131 sweater
82 rural	107 reconsider	132 sweep
83 sensible	108 see	133 swim
84 society	109 swear	134 swing
03 storehouse	110 congress	135 therapy
86 time-limited	111 congressional	136 therapist
87 tuition	112 sweat	137 unfortunately
88 volunteer	113 wide	138 visit
89 widen	114 widely	139 visitor
90 bid	115 bilingual	140 bill
91 cell	116 census	141 centre/center
92 customer	117 cycle	142 central
93 cut	118 recycle	143 end
94 cute	119 encourage	144 endless
95 defeat	120 encouragement	145 ending
96 female	121 goods	146 fever
97 good-natured	122 inch	147 feverish
98 here	123 level	148 gossip
99 letter	124 matter	149 hijack/highjack
100 mathematics	125 norm	150 meaningless

76 □ n. 论文; 纸张	101 □ a. 不标准的, 不规范的	126 □ ad. 通常地; 正常地
77 □ n. 经济来源; 钱包	102 □ n. 起源, 由来	127 □ n./v. 巡逻, 巡查
78 □ n. 问题; 困难	103 □ a. 最初的; 新颖的	128 □ vt. 重建; 改造
79 □ a. 有问题的	104 □ ad. 起初, 原本	129 □ n. 重建
80 □ n. 读者; 读物	105 □ vi. 发源 vt. 发明	130 □ vt. 寻找, 探寻
81 □ vt. 重建	106 □ a. 忍耐的 n. 病人	131 □ n. 运动衫
82 □ a. 农村的, 乡下的	107 □ v. 重新考虑, 再斟酌	132 □ v./n. 打扫; 掠过
83 □ a. 明智的; 合理的	108 □ vt. 看, 看见	133 □ vi. 游泳
84 □ n. 社会; 协会	109 □ v. 宣誓, 发誓	134 □ v. (使) 摇摆 n. 秋千
85 □ n. 宝库; 仓库	110 □ n. 美国议会; 议会	135 □ n. 治疗; 物理疗法
86 □ a. 时间有限的	111 □ a. 议会的	136 □ n. 临床医学家
87 □ n. 教学; 学费	112 □ n. 汗水 v. (使) 出汗	137 □ ad. 不幸地
88 □ n. 志愿者 v. 自愿做	113 □ a./ad. 宽广的 (地); 广泛的 (地)	138 □ v./n. 参观, 访问
89 □ v. (使) 加宽; (使) 扩大	114 □ ad. 广泛地	139 □ n. 参观者, 访问者
90 □ n./v. 投标; 报价	115 □ a. (能说) 两种语言的	140 □ n. 账单
91 □ n. 单人牢房; 细胞	116 □ n. 人口普查	141 □ n. 中心 vi. 以⋯为中心
92 □ n. 顾客, 消费者	117 □ n. 周期; 循环	142 □ a. 中心的; 核心的
93 □ v. 切; 减少	118 □ v./n. 回收利用, 循环使用	143 □ n. 末端 v. 结束
94 □ a. 聪明的; 娇小可爱的	119 □ vt. 鼓励; 激发	144 □ a. 无止境的
95 □ n./vt. 战胜, 击败	120 □ n. 鼓励; 引诱	145 □ n. 结局; 死亡
96 □ a. 女性的 n. 女子	121 □ n. 货物, 商品	146 □ n. 发烧; 狂热
97 □ a. 脾气好的, 温厚的	122 □ n. 英寸; 少许	147 □ a. 极度兴奋的
98 □ ad. 这里, 在这里	123 □ n. 水平线; 水平, 程度	148 □ n. 聊天; 流言蜚语
99 □ n. 字母; 信件	124 □ n. 事情 vi. 有关系	149 □ v./n. 劫持; 劫机
100 □ n. 数学	125 □ n. 标准, 规范	150 □ a. 无意义的, 无益的

151 ought	176 pay	201 vocation
152 seem	177 payment	202 win
153 system	178 recover	203 actually
154 systemic	179 recovery	204 anymore
155 systematically	180 seething	205 bang
156 thermostat	181 thick	206 case
157 unimaginable	182 uninformed	207 collective
158 unionist	183 vivid	208 collectively
159 vital	184 wil(l)ful	209 converge
160 wild	185 wil(l)fully	210 cunning
161 wildlife	186 bind	211 difficult
162 will	187 defy	212 doctrine
163 willing	188 endure	213 erupt
164 adjoining	189 fiction	214 formally
165 billion	190 grace	215 grassroots
166 certain	191 hip	216 homebuyer
167 certainly	192 mean	217 indication
168 certainty	193 means	218 instructor
169 few	194 meaning	219 involuntary
170 govern	195 meaningful	220 legacy
171 governor	196 note	221 mandatory
172 governance	197 outlive	222 minimize
173 hinder	198 paycheck	223 normal
174 liberty	199 thin	224 orbiter
175 maximum	200 union	225 paradise

151 vi./aux. 应该;可能	**176** v. 支付 n. 报酬	**201** n. 职业
152 vi.. 看起来像,似乎	**177** n. 支付;支付的款项	**202** v./n. 获胜,成功
153 n. 系统;制度	**178** v. 重新获得;恢复;康复	**203** ad. 实际上,事实上
154 a. 系统的	**179** n. 重获;恢复;康复	**204** ad. 不再,再也不
155 ad. 有系统地;有条理地	**180** a. 沸腾的;剧烈的	**205** n./vi. 突然巨响 vt. 猛击
156 n. 恒温器	**181** a./ad. 厚的(地);粗的(地)	**206** n. 事例;情形
157 a. 无法想象的	**182** a. 信息不全面的	**207** a. 集体的 n. 集团
158 n. 工会会员	**183** a. 生动的,栩栩如生的	**208** ad. 集体地,共同地;统一地
159 a. 生死攸关的	**184** a. 任性的;故意的	**209** v. 聚集;融合
160 a. 野生的 n. 荒野	**185** ad. 任性地;故意地	**210** a. 狡猾的 n. 狡猾
161 n. 野生动物	**186** vt. 捆绑,包扎	**211** a. 困难的;难懂的
162 v./aux. 将要 n. 遗嘱	**187** vt. (公然)违抗,反抗	**212** n. 信条;正式声明
163 a. 愿意的,心甘情愿的	**188** vi. 持久 vt. 忍受	**213** v. 爆发,突然发生
164 a. 邻接的	**189** n. 虚构;小说	**214** ad. 正式地;形式上地
165 n. 十亿;大量,无数	**190** n. 优美,优雅	**215** n. 基层组织;草根
166 a. 确信的 pron. 某个	**191** n. 臀部,屁股	**216** n. 购房者
167 ad. 确定地;当然	**192** vt. 意思是,意指	**217** n. 迹象;暗示
168 n. 确定;必然	**193** n. 方法,手段	**218** n. 教师,讲师
169 n./a. 很少(的)	**194** n. 意义;意图	**219** a. 非自愿的
170 vt. 统治,管理	**195** a. 有意义的	**220** n. 遗赠;遗产
171 n. 州长;总督	**196** n. 笔记 vt. 指出	**221** a. 法定的;义务的
172 n. 统治,管理	**197** vt. 比…活得长,比…经久	**222** vt. 使降至最低程度
173 vt. 妨碍,阻止	**198** n. 薪水支票,工资	**223** a. 正常的,标准的
174 n. 自由(权);许可	**199** a./ad. 薄的(地);细的(地)	**224** n. 轨道飞行器
175 n. 极限 a. 最大的	**200** n. 联合;协会	**225** n. 天堂

226 polarize

227 reasonableness

228 renaissance

229 rustle

230 solvable

231 streaming

232 tablet

233 timely

234 tune

235 unresponsive

236 voter

237 widow

238 chair

239 chairman

240 degrade

241 degradation

242 energy

243 energetic

244 field

245 graduate

246 graduation

247 hire

248 live

249 life

250 measure

251 measurement

252 noteworthy

253 peace

254 peaceful

255 recur

256 recurring

257 self-conscious

258 think

259 thinker

260 thought

261 thoughtful

262 beyond

263 unpleasant

264 degree

265 fierce

266 grain

267 whistle

268 gross

269 burdensome

270 spark

271 unilateral

272 time

273 untimely

274 keep

275 cascade

276 medieval

277 bridge

278 unexplored

279 each

280 animal

281 awkward

282 interior

283 sail

284 prophet

285 hobby

286 media

287 mixture

288 coat

226 v. (使) 两极化	**251** n. 衡量；尺寸	**276** a. 中世纪的
227 n. 合理	**252** a. 值得注意的	**277** vt. 消除隔阂、鸿沟或分歧 n. 桥
228 n. 文艺复兴	**253** n. 和平；平静	**278** a. 未勘查过的；未被探知的；未开发的
229 v. (使) 沙沙作响	**254** a. 和平的；平静的	**279** pron. 每个；各自
230 a. 可解决的	**255** vi. 一再发生；重新出现	**280** n. 动物
231 n. 流媒体	**256** a. 复发的，再现的	**281** adj. 笨拙的；使人尴尬的；难以应付的
232 n. 药片；區	**257** a. 自觉的；难为情的	**282** adj. 内部的；国内的 n. 内部；内陆
233 a. 适时的；及时的	**258** v. 想，思考；认为	**283** v./n. 航行
234 n. 曲调 v. 调试	**259** n. 思想家	**284** n. 预言家；拥护者
235 a. 没有反应的	**260** n. 思想；想法	**285** n. 业余爱好
236 n. 选民，投票人	**261** a. 深思的；体贴的	**286** n. 媒体
237 n. 寡妇	**262** prep. 超越 ad. 在更远处	**287** n. 混合 (物)
238 n. 椅子；主席	**263** a. 令人不快的，讨厌的	**288** n. 动物皮毛；涂料层 v. 给…涂上
239 n. 主席；董事长	**264** n. 学位；程度	
240 vt. 使降级；使堕落	**265** a. 狂热的；猛烈的	
241 n. 堕落；退化	**266** n. 谷物，谷类	
242 n. 能量；精力	**267** n. 口哨 (声)；警笛	
243 a. 精力旺盛的	**268** a. 总共的；毛的	
244 n. 田地；领域	**269** a. 繁重的	
245 vi. 逐渐发展，逐渐改变 n. 毕业生	**270** v. 导致，引发	
246 n. 毕业	**271** a. 单边的；单方面的	
247 n./vt. 雇用；租借	**272** n. 时间；时候；时期；时代；次，回	
248 vi. 生活 a. 活的	**273** a. 过早的	
249 n. 生命；生存	**274** v. 保持；保留；继续；遵守	
250 n. 措施；指标，方面 v. 权衡	**275** n. 倾泻，流注	

1. voice
2. wind
3. Hispanic
4. income
5. medicine
6. medical
7. notice
8. outside
9. redefine
10. sell
11. thorough
12. thoroughly
13. void
14. wing
15. biomass
16. constrain
17. constraint
18. delay
19. engage
20. fight
21. grammar
22. history
23. historian
24. historical
25. historically

26. incomplete
27. lifestyle
28. memory
29. memorize
30. memorial
31. notion
32. outweigh
33. semen
34. though
35. unpretentious
36. volume
37. wipe
38. chance
39. engine
40. engineer
41. hither
42. hitherto
43. inconclusive
44. lift
45. novel
46. oval
47. ovary
48. send
49. thoughtless
50. unique

51. vote
52. voting
53. adopt
54. adoption
55. adopted
56. adoptive
57. fill
58. grape
59. hold
60. holder
61. incorrect
62. light
63. mere
64. merely
65. nowhere
66. over
67. re-evaluate
68. senior
69. unsustainable
70. wise
71. birth
72. change
73. changeable
74. delicious
75. deliciously

1	26	51
n. 声音 vt. 表达	a. 不完全的; 未完成的	n./v. 投票, 表决
2	**27**	**52**
n. 风; 气息	n. 生活方式	n. 投票; 选举
3	**28**	**53**
a. 西班牙的; 西班牙语国家的	n. 记忆; 存储	vt. 采用; 批准
4	**29**	**54**
n. 收入	vt. 记住, 熟记	n. 采用; 批准
5	**30**	**55**
n. 医药; 医学 (行业)	a. 纪念的 n. 纪念物	a. 被收养的; 被采用的
6	**31**	**56**
a. 医药的; 医学的	n. 观念, 想法	a. 收养的, 有收养关系的
7	**32**	**57**
vt. 通知; 注意到	vt. 比…更重	vt. 填满, 使充满
8	**33**	**58**
n. 外面, 外部	n. 精子; 种子	n. 葡萄; 深紫色
9	**34**	**59**
vt. 重新定义	conj. 尽管, 虽然	vt. 主张, 认为
10	**35**	**60**
v. 销售; 推销	a. 谦虚的	n. 持有者; 所有人
11	**36**	**61**
a. 彻底的; 详尽的	n. 体积; 音量	a. 不正确的, 错误的
12	**37**	**62**
ad. 完全地, 彻底地	v./n. 擦, 抹	n. 光线 a. 重量轻的
13	**38**	**63**
a. 空的; 空缺的	n. 机会, 机遇	a. 仅仅的, 只不过的
14	**39**	**64**
n. 翅膀; 辅楼	n. 发动机, 引擎	ad. 仅仅, 只是
15	**40**	**65**
n. 生物量	n. 工程师 vt. 建造	ad. 任何地方都不
16	**41**	**66**
vt. 限制, 约束	ad. 到这里, 向这里	prep. 在…上面; 超越
17	**42**	**67**
n. 限制, 约束	ad. 迄今, 到目前为止	vt. 重新评价
18	**43**	**68**
v./n. 推迟; 延误	a. 不确定的; 无说服力的	a. 年长的; 资深的
19	**44**	**69**
v. (使) 从事; 订婚	v./n. 提高, 举起	a. 不能持续的; 无法维持的
20	**45**	**70**
v. 作战; 斗争	a. 新奇的 n. 小说	a. 聪明的, 有智慧的
21	**46**	**71**
n. 语法	a. 椭圆形的	n. 出生, 诞生
22	**47**	**72**
n. 历史; 个人经历	n. 子房; 卵巢	v./n. 改变, 变化
23	**48**	**73**
n. 历史学家	v. 发送; 派遣	a. 可变的; 变化无常的
24	**49**	**74**
a. 历史的; 基于史实的	a. 粗心的; 自私的	a. 美味的; 使人喜欢的
25	**50**	**75**
ad. 以历史观点地	a. 唯一的, 独一无二的	ad. 美味地; 绝妙地

76 enjoy

77 enjoyment

78 film

79 grasp

80 homogeneous

81 homogenize

82 increase

83 increasing

84 increasingly

85 like

86 overall

87 penny

88 refer

89 reference

90 sense

91 sensitive

92 sensitivity

93 sensation

94 thrill

95 wish

96 advance

97 advanced

98 birthplace

99 delight

100 register

101 registered

102 registrar

103 enlarge

104 grass

105 hono(u)r

106 incur

107 likely

108 unlikely

109 number

110 numerous

111 numeric(al)

112 overburden

113 sentence

114 thrive

115 thriving

116 unjust

117 wit

118 additional

119 banker

120 cautiousness

121 college

122 curriculum

123 dip

124 embodiment

125 especially

126 favo(u)ritism

127 forthcoming

128 industrial

129 involvement

130 legally

131 manuscript

132 minute

133 ordinary

134 parliament

135 police

136 receive

137 renewal

138 shed

139 somewhat

140 tag

141 time-wasting

142 ultra-thin

143 unsettled

144 wallet

145 wildfire

146 bite

147 find

148 finding

149 hook

150 indeed

76	101	126
vt. 使享受	a. 注册的; 登记的	n. 偏爱; 偏心
77	**102**	**127**
n. 乐趣, 享受	n. 教务主任	a. 即将来临的
78	**103**	**128**
n. 电影 v. 拍摄 (电影)	vt. 扩展; 放大	a. 行业的; 产业的
79	**104**	**129**
vt./n. 抓住; 理解	n. (青) 草; 草地	n. 参与; 介入
80	**105**	**130**
a. 同种类的	n. 光荣, 荣誉	ad. 法律上地, 合法地
81	**106**	**131**
v. (使) 一致	vt. 招致, 惹起	n. 手稿; 原稿
82	**107**	**132**
v./n. 增大; 增加	ad./a. 很可能 (的)	n. 分钟; 瞬间
83	**108**	**133**
a. 越来越多的	a. 未必可能的	a. 普通的, 平凡的
84	**109**	**134**
ad. 越来越多地	n. 数字; 号码	n. 议会, 国会
85	**110**	**135**
v. 喜欢 n. 爱好	a. 众多的, 许多的	n. 警方; 警察
86	**111**	**136**
a. 全部的, 全面的	a. 数字的	v. 收到; 接待
87	**112**	**137**
n. 便士; 分币	vt. 使负担过重	n. 更新; 复兴
88	**113**	**138**
vi. 参考; 提到	n. 句子; 判决 vt. 判决	vt. 流出 n. 棚屋
89	**114**	**139**
n. 参考; 提及	vi. 兴旺, 繁荣	ad. 稍微, 有点儿
90	**115**	**140**
n. 感觉, 意识	a. 繁荣的, 兴旺的	n. 标签 vt. 给…贴标签
91	**116**	**141**
a. 敏感的; 神经过敏的	a. 不公正的; 非正义的	a. 浪费时间的
92	**117**	**142**
n. 敏感性; 过敏性	n. 智力; 才智	a. 超薄的
93	**118**	**143**
n. 感觉, 知觉	a. 附加的, 额外的	a. 多变的; 未解决的
94	**119**	**144**
v. 激动; (使) 毛骨悚然	n. 银行家	n. 钱包
95	**120**	**145**
vt. 祝愿 n. 心愿	n. 谨慎; 慎重	n. 野火; 迅速传播
96	**121**	**146**
n./v. 前进; 促进	n. 学院; 专科学校	v. 咬 n. 一口的量; 咬
97	**122**	**147**
a. 先进的, 高级的	n. 全部课程	vt. 发现
98	**123**	**148**
n. 出生地, 故乡	v. 浸, 蘸; 下降	n. 发现 (物)
99	**124**	**149**
n. 愉快 vt. 使高兴	n. 体现	n. 钩子 vt. 引 (人) 上钩
100	**125**	**150**
v./n. 登记; 注册	ad. 特别, 尤其	ad. 真正地, 确实地

151 likewise

152 mess

153 overcharge

154 reform

155 consequence

156 consequently

157 separate

158 throat

159 unknowable

160 witch

161 advertise/advertize

162 advertiser

163 advertisement

164 advertising

165 bitter

166 enormous

167 fine

168 grave

169 horizon

170 limb

171 limbic

172 message

173 messenger

174 overcome

175 perfect

176 refreshing

177 through

178 unknown

179 blaspheme

180 blame

181 charge

182 enrage

183 fine-grained

184 graveyard

185 hormone

186 limit

187 limited

188 limitation

189 method

190 methodically

191 overdressed

192 refuse

193 unless

194 blog

195 blogger

196 demographics

197 enrich

198 finger

199 great

200 greatness

201 horn

202 line

203 mind

204 mindlessly

205 period

206 regal

207 serious

208 seriously

209 seriousness

210 stem

211 throw

212 need

213 highly

214 attune

215 enemy

216 asocial

217 mouse

218 colo(u)rful

219 cage

220 size

221 tail

222 smell

151 ad. 同样地；也

152 n. 混乱 v. 弄脏

153 v./n. 索价过高

154 n./v. 改革；改良

155 n. 结果，后果；影响

156 ad. 结果；因此，所以

157 v. 分离，分开

158 n. 喉咙；嗓音

159 a. 无法得知的

160 n. 女巫，巫婆

161 v. （为…）做广告；宣传

162 n. 广告商

163 n. 广告；公告

164 n. 广告（活动）

165 a. 痛苦的 n. 辛酸

166 a. 巨大的，庞大的

167 a. 好的；精致的

168 a. 严重的；严肃的

169 n. 地平线；眼界

170 n. 肢；翼；分支

171 a. 边的，边缘的

172 n. 信息，消息

173 n. 报信人；邮递员

174 vt. 战胜；压倒

175 a. 完美的 vt. 使完美

176 a. 使耳目一新的；使精力恢复的

177 prep. 通过；遍及

178 a. 不知道的；未知的

179 vt. 亵渎；辱骂 vi. 口出恶言

180 vt./n. 责备，指责

181 v./n. 要价；收费；控告，指控

182 vt. 激怒，使暴怒

183 a. 精细的，优良的

184 n. 坟场

185 n. 荷尔蒙，激素

186 n. 界线 v. 限制

187 a. 有限的

188 n. 限制；局限

189 n. 方法，办法

190 ad. 有条理地；有方法地

191 a. 过分打扮的

192 v. 拒绝 n. 垃圾

193 conj. 除非，如果不

194 n. 博客，网络日志

195 n. 写博客的人

196 n. 人口统计数据

197 vt. 使富裕；使丰富

198 n. 手指

199 a. 伟大的；重大的

200 n. 伟大；崇高

201 n. 角；号角

202 n. 线，绳；线条

203 n. 头脑，智力

204 ad. 无需思考地；愚蠢地

205 n. 周期，时期

206 a. 帝王的；豪华的

207 a. 严重的；严肃的

208 ad. 严重地；严肃地

209 n. 严重（性）；严肃（性）

210 n. （树）干 vi. 起源于

211 v. 扔，投掷；发射

212 v. 必需，需要；有必要

213 ad. 高级地

214 vt. 使协调；使调和

215 n. 敌人

216 a. 非社交性的

217 n. 鼠标；老鼠

218 a. 五颜六色的，多彩的

219 n. 笼子；牢房

220 n. 大小；尺寸

221 n. 尾巴；踪迹

222 v. 嗅，闻 n. 气味；嗅觉

1 unlike	26 serve	51 boundary
2 blood	27 service	52 cease
3 bloodline	28 servant	53 comfortable
4 chase	29 unnecessary	54 data
5 finite	30 unnecessarily	55 diplomacy
6 great-grandparent	31 word	56 embody
7 horrify	32 boil	57 fortnightly
8 horror	33 cheat	58 retail
9 mine	34 *cheating	59 retailer
10 mining	35 dentist	60 grey
11 overfish	36 entail	61 hopefully
12 perish	37 fireplace	62 inefficiency
13 sermon	38 greet	63 insure
14 thrust	39 indirect	64 marginalized
15 unmistakable	40 link	65 miss
16 wonder	41 minister	66 nose
17 board	42 overlap	67 outdated
18 chat	43 overlapping	68 partly
19 chatter	44 tiny	69 poll
20 fire	45 unrealistic	70 recent
21 green	46 work	71 sadly
22 horse	47 working	72 sadness
23 linguist	48 adherence	73 shedder
24 miniskirt	49 collapse	74 strikingly
25 overfund	50 baseless	75 tint

注：cheating 是动词 cheat 的 -ing 形式，在语法意义上可作名词或形容词使用。

1 a. 不同的, 不相似的	**26** vt. 为…服务; 侍候	**51** n. 分界线; 边界
2 n. 血, 血液; 血统	**27** n. 服务; 服务业	**52** v. 停止; 终止
3 n. 血统	**28** n. 仆人; 公务员	**53** a. 舒适的, 舒服的
4 v./n. 追逐; 追求	**29** a. 不必要的; 多余的	**54** n. 数据; 资料
5 a. 有限的, 有限制的	**30** ad. 不必要地; 徒然地	**55** n. 外交; 外交手段
6 n. 曾祖父, 曾祖母	**31** n. 单词, 词, 字	**56** vt. 使具体化; 包括
7 vt. 使恐惧, 使惊骇	**32** v. 沸腾, 煮沸	**57** a./ad. 两周一次的 (地)
8 n. 恐怖	**33** n. 骗子; 欺骗	**58** n./v. 零售
9 n. 矿山 pron. 我的	**34** n. 欺骗行为 adj. 欺骗的	**59** n. 零售商
10 n. 采矿; 矿业	**35** n. 牙科医生	**60** a. 灰白的 n. 灰色
11 vt. 过度捕捞	**36** vt. 使承担, 使承受	**61** ad. 大有希望地; 有前途地
12 vi. 凋谢; 毁灭	**37** n. 壁炉	**62** n. 无效率, 无能
13 n. 讲道, 说教	**38** vt. 问候; 迎接	**63** vt. 给…上保险; 保证
14 v. 刺, 戳; 猛推	**39** a. 间接的; 不坦率的	**64** a. 边缘化的
15 a. 明显的; 不会弄错的	**40** v. 连接, 联系	**65** vt. 错过; 思念
16 v. 惊奇; 想知道 n. 惊奇	**41** n. 大臣, 部长	**66** n. 鼻子; 嗅觉
17 n. 委员会, 理事会; 木板; 甲板	**42** v./n. 重叠, 交叠	**67** a. 过时的, 不流行的
18 n./vi. 闲聊, 聊天	**43** a. 相互重叠的, 交叠的	**68** ad. 在某种程度上; 部分地
19 v./n. 唠叨	**44** a. 极小的, 微小的	**69** n. 投票选举
20 n. 火 vt. 解雇	**45** a. 不切实际的, 不实在的	**70** a. 最近的, 新近的
21 a. 绿色的; 环保的	**46** n. 工作; 著作	**71** ad. 悲哀地; 不幸地
22 n. 马 vi. 骑马 vt. 背负	**47** a. 奏效的 n. 工作	**72** n. 悲哀, 悲伤
23 n. 语言学家	**48** n. 依附; 坚持	**73** n. 流泪的人; 倾注者
24 n. 迷你裙, 超短裙	**49** v./n. 崩溃; 破产	**74** ad. 醒目地, 引人关注地
25 v. 过度投资	**50** a. 无根据的	**75** n. 色彩 vt. 给…着色

76 unanimous

77 unstoppable

78 unstoppably

79 warning

80 bole

81 check

82 deny

83 enter

84 hostile

85 hostility

86 individual

87 liquid

88 minor

89 minority

90 overlook

91 setback

92 tire

93 workforce

94 age

95 aging

96 bond

97 cheer

98 entertain

99 entertaining

100 first-hand

101 grip

102 list

103 miracle

104 overrate

105 settle

106 settler

107 tissue

108 unreflecting

109 workplace

110 boom

111 booming

112 chemical

113 enthusiasm

114 enthusiast

115 enthusiastic

116 fish

117 fishery

118 ground

119 hound

120 misconception

121 title

122 unreliable

123 workstation

124 agenda

125 boost

126 chew

127 executive

128 depend

129 dependency

130 dependent

131 fit

132 groundless

133 house

134 industry

135 literal

136 literally

137 oversize

138 announce

139 announcement

140 person

141 personnel

142 personal

143 personality

144 reign

145 sex

146 sexual

147 to

148 untested

149 world

150 boot

76 a. 全体一致的；毫无异议的	**101** n. 抓紧；掌握 v. 抓紧	**126** v. 咀嚼；深思
77 a. 无法停止的；无法抗拒的	**102** n. 目录 vt. 列举	**127** a. 执行的 n. 行政官
78 ad. 无法停下来地，势不可挡地	**103** n. 奇事；奇迹	**128** vi. 依赖；取决于
79 n. 警告；征兆 a. 警告的	**104** vt. 评价过高，估价过高	**129** n. 依赖
80 n. 树干	**105** vt. 安排；(使)定居	**130** a. 依靠的；从属的
81 v. 检查 n. 检查；支票	**106** n. 移居者；解决者	**131** v. 合身；(使)适合
82 vt. 否定，否认	**107** n. 纸巾；组织	**132** a. 无根据的；无基础的
83 vt. 走进；参加	**108** a. 缺乏思考的	**133** n. 房屋，住宅 vt. 给…房子住；饲养
84 a. 敌对的，怀有敌意的	**109** n. 车间，工作间	**134** n. 工业；行业
85 n. 敌意，敌对	**110** vi. 迅速发展，繁荣	**135** a. 文字的；字面上的
86 a./n. 个人(的)	**111** a. 飞速发展的	**136** ad. 逐字地；不夸张地
87 n. 液体 a. 液体的	**112** a. 化学的 n. 化学制品	**137** a. 超过尺寸的，过大的
88 a. 较小的 n. 辅修课程	**113** n. 热心，热忱	**138** vt. 宣布；发表
89 n. 少数；少数民族	**114** n. 热心者，爱好者	**139** n. 宣布；通告
90 vt. 眺望；忽略	**115** a. 热心的；狂热的	**140** n. 人
91 n. 挫折；倒退	**116** n. 鱼 v. 捕鱼	**141** n. 全体职员；人事部门
92 vi. 疲劳；厌倦	**117** n. 渔业；养鱼场	**142** a. 私人的，个人的
93 n. 劳动力；职工总数	**118** n. 土地；地面	**143** n. 人格；个性
94 n. 年龄 v. (使)变老	**119** n. 猎狗 vt. 追逐	**144** n./v. 统治；支配
95 n. 老化	**120** n. 误解，错误想法	**145** n. 性；性别
96 n. 结合，债券	**121** n. 主题；标题	**146** a. 两性的；性别的
97 v./n. 欢呼，喝彩	**122** a. 不可靠的	**147** prep. 去，往，到
98 vt. 招待，使娱乐	**123** n. 工作站；工作区域	**148** a. 未测试的；未试验的
99 a. 有趣的；娱乐性的	**124** n. 议事日程；记事册	**149** n. 地球；世界
100 a. 第一手的，直接的	**125** vt./n. 提高，促进	**150** n. (长筒)靴 vt. 猛踢

151 chick

152 depict

153 five

154 group

155 household

156 lively

157 liveliness

158 misguided

159 rein

160 shade

161 together

162 until

163 worldwide

164 booth

165 chief

166 flag

167 flagstone

168 grow

169 growth

170 grower

171 huge

172 inequality

173 lobby

174 misinformation

175 overstep

176 persuade

177 persuasive

178 shaft

179 toil

180 worm

181 aghast

182 border

183 child

184 childless

185 childhood

186 childbirth

187 envisage

188 human

189 humane

190 humanity

191 inescapably

192 local

193 over-the-counter

194 discriminate

195 discrimination

196 reject

197 shake

198 upholstered

199 adornment

200 app

201 basic

202 breakthrough

203 conveyor

204 dean

205 disassemble

206 dormant

207 ethical

208 ethically

209 fee

210 founder

211 guardianship

212 host

213 inexperienced

214 island

215 mission

216 nostalgia

217 outgrow

218 passenger

219 pollute

220 pollutant

221 pollution

222 recently

223 shine

224 south-western

225 tip

151 □ n. 小鸡	176 □ vt. 说服, 劝服	201 □ a. 基本的; 根本的
152 □ vt. 描述, 描写	177 □ a. 有说服力的	202 □ n. 突破
153 □ n. 五; 五个	178 □ n. 轴; 杆状物	203 □ n. 运送者; 传达者
154 □ n. 群, 组; 团体	179 □ vi. 艰难地行走 n. 劳累	204 □ n. 院长; 首席, 资深者
155 □ n. 家庭 a. 日常的	180 □ n. 虫	205 □ vt. 解开, 拆卸
156 □ a. 精力充沛的; 活泼的	181 □ a. 吓呆的; 恐怖的	206 □ a. 潜伏的
157 □ n. 生机勃勃; 生动	182 □ n. 边缘; 边界	207 □ a. 合乎伦理的
158 □ a. 误入歧途的, 被误导的	183 □ n. 小孩, 儿童	208 □ ad. 合乎伦理地
159 □ n. 驾驭; 统治	184 □ a. 无儿女的	209 □ n. 费用
160 □ n. 阴凉处 vt. 遮蔽	185 □ n. 童年时期	210 □ n. 创立者, 奠基人
161 □ ad. 一起; 总共	186 □ n. 分娩	211 □ n. 监护权; 监护人身份
162 □ prep. 直到…为止	187 □ vt. 想象; 展望	212 □ n. 主人; 大量
163 □ a./ad. 遍及全世界的(地)	188 □ a. 人(类)的; 有人性的	213 □ a. 无经验的; 不熟练的
164 □ n. 货摊; 岗亭	189 □ a. 人道的, 仁慈的	214 □ n. 岛屿
165 □ a. 主要的 n. 首领	190 □ n. 人性; 人道	215 □ n. 使命; 代表团
166 □ n. 旗子	191 □ ad. 逃不掉地	216 □ n. 怀念; 乡愁
167 □ n. 石板	192 □ a. 当地的 n. 当地居民	217 □ vi. 过度成长 vt. 过大而不适于
168 □ v. 生长; 发展	193 □ a. 不需处方即可出售的	218 □ n. 旅客; 乘客
169 □ n. 增长, 发展	194 □ v. 区别 vt. 歧视	219 □ vt. 污染
170 □ n. 种植者, 栽培者	195 □ n. 区别; 歧视	220 □ n. 污染物
171 □ a. 巨大的, 庞大的	196 □ vt. 拒绝; 否决	221 □ n. 污染
172 □ n. 不平等; 不公平	197 □ n. 摇动; 震动	222 □ ad. 最近地, 近来地
173 □ n. 门厅; 休息室	198 □ a. 经过布置的	223 □ vi. 照耀 n. 光亮, 光泽
174 □ n. 错误信息	199 □ n. 装饰; 装饰品	224 □ a. 在西南方的
175 □ vt. 逾越; 超出限度	200 □ n. 应用程序	225 □ n. 忠告; 小费 v. 倾斜; 倾倒

226 □
uncomfortable

227 □
win-win

228 □
agree

229 □
agreement

230 □
disagree

231 □
cue

232 □
fellow

233 □
maybe

234 □
slipup

235 □
main

236 □
mainly

237 □
tight

238 □
furthermore

239 □
hail

240 □
zone

241 □
mayor

242 □
centerpiece

226
a. 不自在的, 不舒服的

227
a. 双赢的; 互惠互利的

228
vi. 同意, 赞成

229
n. 同意; 协议

230
vi. 不同意; 不一致

231
n. 线索, 提示

232
n. 朋友, 伙伴

233
ad. 可能

234
n. 疏忽; 错误

235
a. 主要的; 最重要的

236
ad. 主要地, 大体上

237
a. 紧的; 严厉的

238
ad. 此外; 而且

239
vt. 高呼; 为…喝彩

240
n. 地区, 区域

241
n. 市长

242
n. 最引人注目的部分

1	flavo(u)r	26	tool	51	toothless
2	guard	27	aid	52	urge
3	guardian	28	borrow	53	ideology
4	laboratory	29	choose	54	ideological
5	locate	30	chosen	55	wound
6	mislead	31	choice	56	aim
7	misleading	32	equal	57	bother
8	shame	33	equally	58	chop
9	upright	34	equality	59	fly
10	worse	35	equity	60	guide
11	worst	36	guest	61	guidance
12	ahead	37	infant	62	hurry
13	born	38	infancy	63	hurried
14	China	39	logic	64	loom
15	deride	40	logical	65	looming
16	flaw	41	logician	66	mistake
17	flawed	42	logicality	67	top
18	guesswork	43	mist	68	top-down
19	hunger	44	own	69	use
20	log	45	owner	70	used to
21	misplace	46	ownership	71	useless
22	owe	47	share	72	user
23	relax	48	*sharing	73	airline
24	relaxation	49	shared	74	bottom
25	shape	50	tooth	75	Christ

注：sharing 是动词 share 的 -ing 形式，在语法意义上可作名词使用。

1 □ n. 味道 vt. 给…调味	26 □ n. 工具	51 □ a. 没有牙齿的
2 □ vt. 保护, 守卫	27 □ v. 帮助 n. 帮助; 助手	52 □ vt. 催促 n. 强烈的欲望
3 □ n. 守护者; 监护人	28 □ v. 借, 借用	53 □ n. 思想体系; 意识形态
4 □ n. 实验室; 化验室	29 □ v. 选择; 挑选	54 □ a. 意识形态的, 思想上的
5 □ vt. 找出; 位于	30 □ a. 精选的	55 □ n. 伤口 v. (使) 受伤
6 □ vt. 使误入歧途	31 □ n. 选择	56 □ n. 瞄准; 目标
7 □ a. 令人误解的; 引入歧途的	32 □ a. 相等的, 平等的	57 □ vt. 烦扰 vi. 烦恼
8 □ n. 羞耻, 羞愧	33 □ ad. 相等地; 同样地	58 □ v./n. 砍, 劈
9 □ a. 垂直的; 正直的	34 □ n. 相等; 平等	59 □ v. 飞 n. 苍蝇
10 □ a./ad. 更严重的 (地)	35 □ n. 公平	60 □ vt. 引导 n. 导游
11 □ a./ad. 最坏的 (地)	36 □ n. 客人 vt. 招待	61 □ n. 指导, 引导
12 □ ad. 向前; 提前	37 □ n. 婴儿 a. 初期的	62 □ n. 急忙, 仓促
13 □ a. 出生的; 生来就有的	38 □ n. 婴儿期; 初期	63 □ a. 仓促的, 匆忙的
14 □ n. 中国	39 □ n. 逻辑 (学); 推理 (法)	64 □ n. 织布机 v. 隐现
15 □ vt. 嘲笑, 嘲弄	40 □ n. 逻辑学家	65 □ a. 即将发生的
16 □ n. 裂缝; 缺陷	41 □ a. 符合逻辑的	66 □ n. 错误 v. 弄错
17 □ a. 有缺点的; 有瑕疵的	42 □ n. 逻辑性, 合理性	67 □ a. 最高的
18 □ n. 猜测	43 □ n. 薄雾; 朦胧	68 □ a. 自上而下的
19 □ n. 饥饿; 渴望	44 □ vt. 有, 拥有 a. 自己的	69 □ n. 用, 使用; 利用
20 □ n. 圆木, 航海日志	45 □ n. 物主, 所有人	70 □ modal v. 曾经
21 □ vt. 把…放错地方	46 □ n. 物主身份; 所有权	71 □ a. 无用的, 无价值的
22 □ vt. 欠 (债); 把…归因于	47 □ n. 股份 v. 分享	72 □ n. 用户, 使用者
23 □ v. (使) 松弛, 放松	48 □ n. 分享	73 □ n. 飞机航线; 航空公司
24 □ n. 放松, 缓和	49 □ a. 共享的, 共用的	74 □ n. 底部; 下端
25 □ n. 形状 vt. 塑造, 形成	50 □ n. 牙齿; 齿状物	75 □ n. 耶稣基督

76	flight	101	mixed	126	dearth
77	guilt	102	president	127	downside
78	guilty	103	sharp	128	enable
79	hurt	104	sharply	129	feel
80	vain	105	tour	130	feeling
81	vanity	106	tourist	131	frequency
82	loop	107	tourism	132	guideline
83	misunderstand	108	maintain	133	housewife
84	rely	109	alert	134	infest
85	reliable	110	boycott	135	isolate
86	reliant	111	chromosome	136	object
87	shark	112	design	137	objection
88	touch	113	designer	138	objective
89	utopia	114	escape	139	objectivity
90	write	115	hysteria	140	objectiveness
91	writer	116	infirm	141	lens
92	writing	117	moan	142	maximal
93	alarm	118	religion	143	misuse
94	chrome	119	religious	144	novelist
95	error	120	shave	145	path
96	float	121	archaeological	146	Polynesian
97	hybrid	122	begin	147	recklessly
98	lose	123	beginning	148	sanction
99	loser	124	Brexit	149	shore
100	loss	125	century	150	Spanish

76 n. 飞行；班次	101 a. 混合的	126 n. 缺乏；饥荒
77 n. 罪过；内疚	102 n. 总统；总裁	127 n. 下降趋势；缺点
78 a. 犯罪的；内疚的	103 n. 利刃 a. 锐利的	128 vt. 使能够；准许
79 vt. 使受伤；使痛心	104 ad. 急剧地	129 vt. 感觉；认为
80 a. 徒劳的；空虚的	105 v./n. 旅游	130 n. 感情；理解力
81 n. 空虚；虚荣（心）	106 n. 旅游者，观光者	131 n. 频繁；频率
82 n. 循环 vt. 缠绕	107 n. 旅游业，观光业	132 n. 指导方针，指导准则
83 vt. 误解，误会	108 vt. 维持；坚持	133 n. 家庭妇女
84 vi. 依靠，依赖	109 a. 警惕的 n. 警报	134 vt. 大批出没；遍布于
85 a. 可信赖的；可靠的	110 v./n. 联合抵制	135 v. (使) 隔离，(使) 孤立
86 a. 依赖的	111 n. 染色体	136 v. 反对
87 n. 鲨鱼 vt. 敲诈	112 v. 设计；构思	137 n. 反对，异议
88 v. 接触；触摸	113 n. 设计者；构思者	138 a. 客观的 n. 目的
89 n. 乌托邦，理想国	114 n./v. 逃跑；避免	139 n. 客观
90 vt. 写下，书写	115 n. 歇斯底里	140 n. 客观性
91 n. 作者，作家	116 a. 不坚固的；虚弱的	141 n. 透镜；镜片
92 n. 书写；著作	117 vi. 呻吟；抱怨	142 a. 最大的，极大的
93 n. 警报 vt. 向…报警	118 n. 宗教；教派	143 n./vt. 滥用；误用
94 n. 铬	119 a. 宗教的；虔诚的	144 n. 小说家
95 n. 错误；差错	120 v. 剃，刮 n. 刮脸	145 n. 途径；通道
96 n. 漂浮 v. 传播	121 a. 考古学的	146 n. 波利尼西亚人
97 n. 混血儿；混合物	122 v. 开始，着手	147 ad. 轻率地；不计后果地
98 vt. 丢失，丧失	123 n. 开始；起源；初期	148 v./n. 制裁；批准
99 n. 失败者，输家	124 n. 英国退欧	149 n. 海岸；河岸
100 n. 遗失；损失	125 n. 世纪，百年	150 n. 西班牙语；西班牙人

___月___日

151 task	176 mode	201 circulation
152 toll	177 pretty	202 circular
153 unworthy	178 shell	203 detect
154 wasp-waist	179 toxic	204 fold
155 brain	180 brave	205 inherit
156 espionage	181 bravery	206 lump
157 flow	182 church	207 remo(u)ld
158 love	183 detach	208 shift
159 shear	184 detached	209 shifting
160 toward(s)	185 informality	210 tractor
161 alike	186 model	211 brief
162 branch	187 remember	212 deteriorate
163 despite	188 shelter	213 folk
164 essay	189 cigar	214 inhuman
165 flower	190 cigarette	215 lure
166 low	191 esteem	216 prey
167 lower	192 focus	217 remote
168 mock	193 inhabit	218 ship
169 shelf	194 lucre	219 shipper
170 townsfolk	195 modern	220 trade
171 alive	196 remind	221 allow
172 chunk	197 reminder	222 bore
173 chunky	198 shield	223 boring
174 flu	199 break	224 chill
175 low-level	200 circle	225 levy

151 *n.* 任务; 工作

152 *n.* 通行费

153 *a.* 不值得的; 不相称的

154 *n.* 蜂腰

155 *n.* 头脑; 智力

156 *n.* 侦查; 间谍活动

157 *vi.* 流动, 涌动

158 *vt./n.* 热爱, 爱戴

159 *v.* 修剪; 剥夺

160 *prep.* 向, 朝; 对于

161 *a.* 相同的, 相像的 *ad.* 相似地

162 *n.* 树枝; 分支

163 *prep.* 不管, 不顾

164 *n.* 散文, 随笔

165 *n.* 花朵 *v.* (使) 开花

166 *a.* 低的, 矮的

167 *a.* 较低的 *vt.* 降低

168 *v.* 模仿; 嘲笑

169 *n.* 架子; 搁板

170 *n.* 市民, 市镇居民

171 *a.* 活着的; 活跃的

172 *n.* 大块; 矮胖的人

173 *a.* 矮胖的

174 *n.* 流行性感冒

175 *a.* 低水平的

176 *n.* 模式; 方式

177 *a.* 漂亮的, 标致的

178 *n.* 外壳; 贝壳

179 *a.* 有毒的; 中毒的

180 *a.* 勇敢的, 英勇的

181 *n.* 勇敢; 英勇

182 *n.* 教堂

183 *vt.* 拆开; 使分离

184 *a.* 分开的; 超然的

185 *n.* 非正式; 不拘礼节

186 *n.* 模型; 模特; 模式; 模范

187 *vt.* 记得; 记住

188 *n.* 避难所 *v.* 躲避

189 *n.* 雪茄烟

190 *n.* 香烟

191 *vt.* 尊重; 评价

192 *v.* (使) 聚焦; (使) 集中

193 *vt.* 居住于; 栖息于

194 *n.* 利润; 财富

195 *a.* 现代的; 时髦的

196 *vt.* 提醒; 使想起

197 *n.* 提醒物; 提示

198 *n.* 盾牌 *v.* 保护

199 *v.* 打破; 分裂

200 *n.* 圆圈, 圆环

201 *n.* 循环; 流通

202 *a.* 环形的, 圆形的

203 *vt.* 发现; 查明

204 *v.* 折叠; 交叠

205 *v.* 继承 (传统等)

206 *v.* 隆起; (使) 成团 *n.* 隆起

207 *vt.* 改造, 重塑

208 *n.* 转换, 转变

209 *a.* 不断变换的

210 *n.* 拖拉机

211 *a.* 短暂的; 简略的

212 *v.* (使) 恶化, (使) 变坏

213 *n.* 人们; 家人

214 *a.* 无人性的, 不人道的

215 *n.* 诱惑 *vt.* 吸引

216 *n.* 猎物 *vi.* 捕食

217 *a.* 遥远的; 偏远的

218 *n.* 船 *vt.* 运送

219 *n.* 发货者, 货主

220 *n.* 贸易 *vi.* 从事贸易

221 *vt.* 允许, 准许 *vi.* 考虑

222 *v.* 厌烦, 烦扰

223 *a.* 令人生厌的, 乏味的

224 *n.* 寒冷 *vi.* 变冷

225 *v.* 征收; 征税

226 ☐
battle

227 ☐
best

228 ☐
dirty

229 ☐
therefore

230 ☐
because

231 ☐
motorist

232 ☐
area

233 ☐
definition

234 ☐
cubicle

235 ☐
millennial

236 ☐
catchword

237 ☐
clear-eyed

238 ☐
traverse

239 ☐
iconic

240 ☐
anniversary

241 ☐
malpractice

242 ☐
accrue

243 ☐
insidious

226

n. 战役, 战斗

227

a. 最好的; 最合适的

228

a. 肮脏的

229

ad. 因此, 所以

230

conj. 因为, 由于

231

n. 汽车驾驶员

232

n. 区域, 地区; 面积; 范围

233

n. 定义, 释义

234

n. 小隔间

235

a. 一千年的; 千禧年的

236

n. 流行语

237

a. 头脑清晰的 (引申义)

238

vt. 横穿; 来回移动 *n.* 横穿 *adj.* 横穿的

239

adj. 象征性的, 标志性的

240

n. 周年纪念 (日)

241

n. 玩忽职守; 不端行为

242

v. 形成; 累计

243

adj. 潜伏的; 阴险的

1. bring
2. Europe
3. European
4. follow
5. following
6. luxury
7. price
8. pricing
9. remove
10. removal
11. shock
12. shocking
13. alone
14. broad
15. cite
16. evade
17. fond
18. fondness
19. innermost
20. pride
21. proud
22. shoot
23. shot
24. traffic
25. affected

26. aristocrat
27. aristocratic
28. bribe
29. bribery
30. comparable
31. deep-seated
32. discard
33. endangered
34. eventually
35. filer
36. fuel
37. guild
38. intent
39. jackpot
40. lessen
41. maximize
42. nuisance
43. outpouring
44. prompting
45. rescue
46. Saturday
47. shorten
48. sparingly
49. taxpayer
50. tort

51. watcher
52. wire
53. along
54. city
55. citizen
56. citizenry
57. citizenship
58. civil
59. civility
60. develop
61. developer
62. development
63. foot
64. innocent
65. parachute
66. moment
67. renege
68. short
69. trail
70. brochure
71. devil
72. eve
73. force
74. forced
75. money

1 vt. 带来; 引起	**26** n. 贵族	**51** n. 观察者
2 n. 欧洲	**27** a. 贵族的	**52** v. 连接 n. 电线
3 a. 欧洲的 n. 欧洲人	**28** vt. 行贿, 贿赂	**53** prep. 沿着 ad. 向前
4 vt. 跟随; 跟踪	**29** n. 行贿, 贿赂	**54** n. 城市
5 a. 接着的, 其次的	**30** a. 类似的; 可比较的	**55** n. 市民, 居民
6 n. 奢华, 奢侈 (品)	**31** a. 根深蒂固的, 深层次的	**56** n. 公民, 市民
7 n. 价格, 价钱	**32** v. 丢弃; 放弃	**57** n. 公民身份
8 n. 定价	**33** a. 即将灭绝的	**58** a. 市民的; 文明的
9 v./n. 移动, 迁移	**34** ad. 最后, 最终	**59** n. 礼貌, 文明
10 n. 清除, 消除	**35** n. 档案管理员	**60** v. (使) 发展, 进步
11 v./n. (使) 震动; (使) 震惊	**36** vt. 助长 n. 燃料	**61** n. 开发商, 开发者
12 a. 令人震惊的; 可怕的	**37** n. 行会, 协会	**62** n. 发展; 开发
13 a. 单独的; 只有	**38** a. 坚决的 n. 意图	**63** n. 英尺
14 a. 宽阔的, 辽阔的	**39** n. (彩票) 头奖	**64** a. 清白的; 单纯的; 无知的
15 vt. 引用, 引述	**40** v. (使) 减少; (使) 减轻	**65** n. 降落伞 v. 跳伞
16 vt. 逃避; 回避	**41** vt. 使最大化; 充分利用	**66** n. 片刻; 重要时刻
17 a. 喜欢的, 爱好的	**42** n. 讨厌之人; 麻烦之事	**67** v. 背信, 违约
18 n. 爱好; 溺爱	**43** n. 流露; 倾泻	**68** a. 短的; 短期的
19 a. 内心的 n. 最深处	**44** n. 促进; 刺激	**69** n. 小路 v. 追踪
20 v./n. (以…) 自豪; 骄傲	**45** vt./n. 营救; 解救	**70** n. 小册子
21 a. 自豪的; 骄傲的	**46** n. 星期六	**71** n. 魔鬼; 撒旦
22 vi. 发射	**47** v. (使) 缩短	**72** n. 前夜, 前夕
23 n. 发射; 射门; 注射	**48** ad. 节俭地, 节省地	**73** n. 力, 力量 v. 强迫
24 n. 交通, 通行	**49** n. 纳税人	**74** a. 被迫的
25 a. 感动的; 假装的	**50** n. 侵权行为	**75** n. 货币; 金钱

76 renew

77 shoulder

78 train

79 brown

80 clamp

81 devote

82 devoted

83 even

84 primitive

85 rent

86 shrink

87 trait

88 altitude

89 browse

90 browser

91 clasp

92 evening

93 foreign

94 foreign-born

95 insatiable

96 monster

97 harmony

98 harmonious

99 principal

100 principally

101 principle

102 repeat

103 repeated

104 repeatedly

105 shut

106 transaction

107 altogether

108 bruise

109 class

110 classmate

111 event

112 eventually

113 foremost

114 moral

115 immoral

116 print

117 side

118 amateur

119 bubble

120 pre-bubble

121 diet

122 ever

123 foresee

124 foreseeable

125 insensitivity

126 reply

127 sight

128 amaze

129 amazing

130 budget

131 differ

132 different

133 difference

134 evidence

135 forest

136 insight

137 insightful

138 mo(u)ld

139 prison

140 report

141 sightseeing

142 sightseer

143 bulk

144 clean

145 evil

146 form

147 formal

148 insignificant

149 mount

150 private

76 v. (使)更新;延长有效期	101 n. 原理,原则	126 v./n. 回答,答复
77 n. 肩膀 vt. 承担	102 v./n. 重复,重申	127 n. 视力;景色
78 n. 火车 vt. 训练	103 a. 重复的,反复的	128 vt. 使大为惊奇
79 n./a. 褐色(的),棕色(的)	104 ad. 重复地,反复地	129 a. 惊人的,令人惊诧的
80 vt. 夹住 n. 夹子	105 vt. 关上,闭上	130 n. 预算 vi. 做预算
81 vt. 把…奉献给;致力于	106 n. 交易;业务	131 vi. 不同,相异
82 a. 献身于…的;致力于…的	107 ad. 完全;总共	132 a. 不同的;各种的
83 a. 平的 ad. 甚至	108 n./n. (使)青肿;擦伤	133 n. 差别,差异
84 a. 原始的;简单的	109 n. 阶级;班级	134 n. 证据;清楚
85 v. 出租 n. 租金	110 n. 同班同学	135 n. 森林
86 v. 收缩;退缩	111 n. 事件,事情;活动	136 n. 洞察力;洞悉
87 n. 特征,特点	112 ad. 最后,最终	137 a. 富有洞察力的
88 n. 高度;海拔	113 a. 最前的,最重要的	138 n. 模子,模型
89 v./n. 浏览;吃草	114 a. 道德(上)的;讲道义的	139 n. 监狱;监禁
90 n. 浏览器	115 a. 不道德的	140 v. 报告;报道
91 v. 抓住,握住	116 vt. 印刷;出版	141 n. 游览,观光
92 n. 傍晚,黄昏	117 n. 边,旁边;侧面	142 n. 观光者,游客
93 a. 外国的	118 n. 业余爱好者 a. 业余的	143 n. 体积,容积
94 a. 在国外出生的	119 n. 气泡;泡沫;沸腾(声)	144 a. 清洁的;清白的
95 a. 不知足的,贪得无厌的	120 a. 泡沫(破裂)前的	145 a. 邪恶的,罪恶的
96 n. 怪物,妖怪	121 n. 饮食;节食	146 n. 形式 v. 形成
97 n. 和谐;一致	122 ad. 曾经;无论何时	147 a. 正式的,合礼节的
98 a. 和谐的;一致的	123 vt. 预见	148 a. 无意义的;无足轻重的
99 a. 首要的 n. 校长	124 a. 可预见的	149 v. 登上 n. 山,峰
100 ad. 主要地	125 n. 不敏感;无感觉	150 a. 私人的;私下的

151 privately	176 similarity	201 everlasting
152 privacy	177 American	202 film-making
153 sign	178 non-American	203 gulf
154 signature	179 Asian-American	204 inflation
155 signal	180 bump	205 lesson
156 signify	181 clergyman	206 meadow
157 significant	182 exact	207 Monday
158 significantly	183 exactly	208 outsider
159 transport	184 formation	209 accelerate
160 transportation	185 inspect	210 acceleration
161 ambition	186 inspection	211 percent
162 ambitious	187 prize	212 pork
163 bummer	188 negative	213 redirect
164 clear	189 negatively	214 responsive
165 digit	190 simple	215 scan
166 digital	191 simply	216 shove
167 convention	192 travel	217 specifically
168 conventional	193 belt	218 tear
169 conventionally	194 brim	219 tough
170 evolve	195 children	220 underuse
171 evolution	196 comprehensive	221 watershed
172 mountain	197 corrupted	222 within
173 repertoire	198 delete	223 bun
174 similar	199 driving	224 click
175 similarly	200 endorse	225 dim

151 ad. 秘密地, 私下地	176 n. 相似, 类似	201 a. 永恒的, 永久的
152 n. 独处; 隐私	177 a. 美国的 n. 美国人	202 n. 电影制作, 制片
153 n. 标记; 征兆 v. 签 (名)	178 n. 非美国人	203 n. 分歧; 差距
154 n. 签字	179 n. 亚裔美国人	204 n. 通货膨胀
155 n. 信号, 标志	180 v./n. (使) 撞击, (使) 冲撞	205 n. 教训
156 vt. 表示, 表明	181 n. 牧师, 神职人员	206 n. 草地, 牧场
157 a. 有意义的; 重大的	182 a. 确切的, 精确的	207 n. 星期一
158 ad. 意味深长地	183 ad. 精确地; 恰好	208 n. 局外人
159 vt. 运输 n. 交通工具	184 n. 形成, 构成	209 v. (使) 加速; 促进
160 n. 运输	185 vt. 检查, 检验; 视察	210 n. 加速; 加速度
161 n. 雄心, 抱负; 野心	186 n. 检查; 视察	211 n. 百分比
162 a. 雄心勃勃的	187 n. 奖品; 奖金	212 n. 猪肉
163 n. 失望, 挫折	188 a. 否定的; 消极的	213 vt. 使改变方向; 使改道
164 a. 清楚的, 透明的	189 ad. 否定地; 消极地	214 a. 回答的, 响应的
165 n. 手指; 数字	190 a. 简单的; 简朴的	215 vt./n. 扫描; 浏览
166 a. 数字的, 计数的	191 ad. 简单地; 简朴地	216 vt. 用力推撞; 乱塞
167 n. 大会; 公约	192 v./n. 旅游, 旅行	217 ad. 特别地; 明确地
168 a. 传统的; 公约的	193 n. 带; 地带	218 n. 眼泪 v. 撕破
169 ad. 按照惯例	194 n. (碗) 边; (帽) 沿 v. 充满	219 a. 艰苦的; 坚韧的
170 v. (使) 发展; (使) 进化	195 n. 孩子们	220 vt. 未充分利用
171 n. 发展; 进化	196 a. 综合 (性) 的, 全面的	221 n. 分水岭; 流域
172 n. 山; 山脉	197 a. 毁坏的; 腐败的	222 prep. 在…里面
173 n. 节目; 全部剧目	198 vt. 删除; 划掉	223 n. 小圆面包
174 a. 相像的, 类似的	199 a. 推动的, 强有力的	224 v. 点击
175 ad. 相似地, 类似地	200 vt. 支持; 签署	225 a. 昏暗的; 朦胧的

226 □
former

227 □
inspire

228 □
inspiring

229 □
mouth

230 □
probe

231 □
wreck

232 □
impressionable

233 □
assuage

234 □
trllllon

235 □
gig

236 □
valley

237 □
thus

238 □
speech

239 □
dollar

240 □
university

241 □
yet

242 □
build

243 □
whenever

244 □
plurality

245 □
agent

246 □
pray

247 □
worry

248 □
meantime

249 □
crux

250 □
inn

251 □
palace

252 □
enclose

253 □
merchant

254 □
pilgrim

255 □
thief

256 □
although

257 □
temperature

226 □
a. 以前的 *n.* 前者

227 □
vt. 鼓舞；激发

228 □
a. 鼓舞人心的

229 □
n. 口，嘴

230 □
v. 探查 *n.* 探测器

231 □
n. 失事，遇难（引申义）

232 □
a. 易受影响的；敏感的

233 □
vt. 缓解

234 □
num. 万亿

235 □
n. [美] 临时工作

236 □
n. 山谷

237 □
ad. 如此，这样；因此，从而

238 □
n. 演讲

239 □
n. 美元

240 □
n. (综合性) 大学

241 □
ad. 还；但是

242 □
vt. 制造 *vi.* 逐渐增强

243 □
conj. 每当

244 □
n. 多数；复数；多元性

245 □
n. 代理人 (商)；经纪人

246 □
v. 祈求；请求

247 □
v. 担心；使担忧 *n.* 担心；忧虑

248 □
adv. 在此期间 *n.* 其间

249 □
n. 症结；难题

250 □
n. (乡村) 客栈；小酒馆

251 □
n. 宫殿，王宫

252 □
vt. 封闭；装入 (信封)

253 □
n. 商人 *adj.* 商业的

254 □
n. 朝圣者

255 □
n. 小偷

256 □
conj. 尽管

257 □
n. 温度；气氛

__ 月 __ 日

1 treat	26 example	51 anatomy
2 treatment	27 exemplify	52 deprive
3 ample	28 formula	53 deprivation
4 examine	29 formulate	54 buy
5 examination	30 instead	55 climb
6 formidable	31 process	56 disappear
7 instant	32 processing	57 disappearance
8 instantly	33 sip	58 except
9 move	34 trend	60 exception
10 moving	35 busy	60 exceptional
11 movement	36 business	61 forum
12 republic	37 climate	62 music
13 republican	38 dirt	63 musician
14 simulate	39 excel	64 produce
15 simulation	40 excellent	65 product
16 tree	41 excellence	66 production
17 burse	42 fortune	67 productive
18 cliff	43 fortunate	68 productivity
19 depress	44 museum	69 require
20 depressed	45 procreation	70 requirement
21 depression	46 reinforce	71 situation
22 depressing	47 request	72 buzz
23 direct	48 sit	73 abuzz
24 director	49 sitting	74 cling
25 directly	50 tribe	75 disappoint

1 v. 对待;处理	**26** n. 例子;榜样	**51** n. 解剖学
2 n. 对待;治疗	**27** vt. 举例证明	**52** vt. 剥夺,使丧失
3 a. 充分的;大量的	**28** n. 公式;规则	**53** n. 剥夺
4 v. 考试;检查	**29** vt. 系统地阐述	**54** v. 购买;获得
5 n. 考试;检查	**30** ad. 代替;反而	**55** v./n. 攀登
6 a. 可怕的;强大的	**31** n. 过程 v. 加工	**56** vi. 消失;灭绝
7 a. 立即的 n. 一刹那	**32** n. 处理;进程	**57** n. 消失;灭绝
8 ad. 立即,马上	**33** v. 小口地喝	**58** vt. 把…除外,除去
9 v. (使) 移动;(使) 前进	**34** n. 倾向,趋向	**59** n. 例外,除外
10 a. 移动的;可活动的	**35** a. 忙碌的,繁忙的	**60** a. 例外的,异常的
11 n. 运动;动作	**36** n. 生意;商业	**61** n. 论坛,讨论会
12 n. 共和国;共和政体	**37** n. 气候;氛围	**62** n. 音乐,乐曲
13 a. 共和党的 n. 共和党人士	**38** n. 尘土;污垢	**63** n. 音乐家
14 v. 假装;模仿	**39** v. 胜过;突出	**64** vt. 生产,制造
15 n. 假装;模仿	**40** a. 优秀的,卓越的	**65** n. 产品
16 n. 树,树木	**41** n. 优秀,卓越	**66** n. 生产;产品
17 n. 钱袋	**42** n. 运气;财富	**67** a. 生产的;多产的
18 n. 悬崖,峭壁	**43** a. 幸运的,侥幸的	**68** n. 生产力,生产率
19 vt. 压低;使压抑	**44** n. 博物馆;展览馆	**69** vt. 需要;要求
20 a. 沮丧的;萧条的	**45** n. 生育,繁殖	**70** n. 需要;必要条件
21 n. 沮丧;不景气	**46** vt. 加强,强化	**71** n. 位置;形势
22 a. 令人沮丧的;萧条的	**47** n./vt. 请求,要求	**72** v. 嗡嗡叫 n. 噪音
23 a./ad. 直接的 (地) vt. 指挥;对准	**48** v. 坐	**73** a. 嗡嗡的;活泼的
24 n. 主管;导演	**49** a. 现任的,在职的	**74** vi. 依附;抱紧
25 ad. 笔直地;直接地	**50** n. 部落,宗族	**75** vt. 使失望,辜负

76 disappointed

77 disappointment

78 excess

79 excessive

80 excessively

81 forward

82 profess

83 profession

84 professional

85 professor

86 research

87 researcher

88 sceptical/skeptical

89 scepticism/skepticism

90 trick

91 anchor

92 bypass

93 disapproval

94 fossil

95 insurance

96 mystery

97 skill

98 ancient

99 by-product

100 cloak

101 disaster

102 excite

103 excitement

104 exciting

105 foster

106 myth

107 profit

108 profitable

109 reserve

110 reserved

111 skip

112 trim

113 anecdote

114 anecdotal

115 clock

116 discipline

117 phony

118 reshape

119 skull

120 triumph

121 anger

122 close

123 disclose

124 excuse

125 fraction

126 resident

127 residence

128 slack

129 trivial

130 Asia

131 benefactor

132 Britain

133 civilization

134 conclusion

135 corruption

136 disconcert

137 exchequer

138 finally

139 further

140 hacking

141 overshadow

142 idealized

143 interesting

144 jobless

145 liberalize

146 mealtime

147 monetary

148 obesity

149 overdue

150 percentage

76 a. 失望的, 沮丧的	**101** n. 灾难, 灾祸	**126** n. 居民
77 n. 失望, 沮丧	**102** vt. 使兴奋, 使激动	**127** n. 居住; 住所
78 n. 超过; 过量 a. 过量的; 额外的	**103** n. 兴奋, 激动	**128** v. (使) 放松 n. 松弛
79 a. 过量的; 过分的	**104** a. 刺激的, 使人兴奋的	**129** a. 琐碎的, 无足轻重的
80 ad. 过量地; 过分地	**105** vt. 养育; 培养	**130** n. 亚洲
81 ad. 向前 n. 前锋	**106** n. 神话, 传说	**131** n. 施恩者; 赞助人
82 v. 表示; 教授	**107** n. 利润; 益处	**132** n. 英国
83 n. 宣布; 职业	**108** a. 有益的; 有利可图的	**133** n. 文明; 修养
84 a. 职业 (性) 的 n. 专业人员	**109** vt. 储备 n. 储备金	**134** n. 结论; 结束
85 n. 教授	**110** a. 有所保留的; 说话不多的	**135** n. 腐败
86 n./v. 调查, 研究	**111** v./n. 跳绳; 略过	**136** vt. 使不安; 使困惑
87 n. 调查者, 研究员	**112** vt. 修剪 a. 整齐的	**137** n. 国库
88 a. 怀疑的; 怀疑论的	**113** n. 轶事, 趣闻	**138** ad. 最后地; 终于
89 n. 怀疑态度; 怀疑论	**114** a. 轶事的, 趣闻的	**139** ad. 进一步地; 而且
90 n. 恶作剧 v. 欺骗	**115** n. 时钟; 仪表	**140** n. 黑客行为
91 n. 锚 v. 停泊	**116** n. 纪律 vt. 使有纪律	**141** vt. 遮蔽; 使黯然失色
92 vt. 绕开; 忽视	**117** a. 假的 n. 假货	**142** a. 理想 (化) 的
93 n. 不赞成; 不批准	**118** vt. 重塑; 改造	**143** a. 有趣的
94 n. 化石 a. 顽固不化的	**119** n. 头盖骨	**144** a. 失业的, 无业的
95 n. 保险 (金); 安全保障	**120** n. 胜利 vi. 成功	**145** vt. 使自由化; 使放宽限制
96 n. 神秘; 侦探小说	**121** n. 发怒, 愤怒	**146** n. 用餐时间
97 n. 技术; 技能	**122** v./n. 关闭 a. 接近的	**147** a. 货币的, 金融的
98 a. 古代的; 年老的	**123** vt. 使显露; 揭露	**148** n. 肥胖
99 n. 副产品; 意外收获	**124** n./vt. 原谅; 免除	**149** a. 早该发生的; 到期未付的
100 n. 披风 vt. 掩盖	**125** n. 小部分; 分数	**150** n. 百分比; 比例

151 proportionality

152 refined

153 retiring

154 scandal

155 show

156 suburb

157 telescope

158 undoubted

159 uplifting

160 weakness

161 wordy

162 angle

163 cloth

164 fracture

165 physiology

166 physiologist

167 slave

168 slavery

169 trouble

170 cloud

171 discourse

172 exercise

173 pick

174 resource

175 slice

176 troublemaker

177 coal

178 discover

179 discovery

180 exert

181 interact

182 interaction

183 picture

184 slight

185 slightly

186 answer

187 unanswered

188 code

189 France

190 frank

191 frankly

192 interest

193 piece

194 respond

195 response

196 responsible

197 responsibility

198 reproduce

199 reproductive

200 simplicity

201 June

202 shopper

203 difficult

204 become

205 since

206 usually

207 already

208 whatever

209 rather

210 deeply

211 jacket

212 weight

213 stone

214 decentralise/decentralize

215 swath

216 flip

217 vacancy

218 seacoast

219 realtor

220 vacation

221 empty

222 savvy

223 spokesperson

151	176	201
n. 均衡, 相称	n. 闹事者, 惹是生非者	n. 六月
152	**177**	**202**
a. 精致的; 有礼貌的	n. 煤, 煤块	n. 顾客
153	**178**	**203**
a. 即将退休的	vt. 发现; 显示	a. 困难的
154	**179**	**204**
n. 丑闻; 谣言	n. 发现	v. 成为; 变成
155	**180**	**205**
v. 展示, 显示; 表明 n. 节目; 展览	vt. 运用; 施加 (压力)	prep. 自…以来 conj. 自…以来; 因为, 由于
156	**181**	**206**
n. 郊区	vi. 相互作用, 相互影响	ad. 通常, 平常
157	**182**	**207**
n. 望远镜	n. 相互作用, 相互影响	ad. 已经, 早已
158	**183**	**208**
a. 无疑的; 毫无疑问的	n. 画, 画像; 图片	pron. 无论什么 ad. 不管发生什么
159	**184**	**209**
a. 令人振奋的; 令人激动的	a. 轻微的; 纤细的	ad. 相反, 而是
160	**185**	**210**
n. 弱点; 劣势	ad. 轻微地; 些许地	ad. 非常, 极其; 深深地
161	**186**	**211**
a. 冗长的; 啰唆的	n./v. 回答, 答复	n. 夹克
162	**187**	**212**
n. 角度; 观点	a. 未予答复的; 无响应的	n. 重量 vt. 加重量于
163	**188**	**213**
n. 布, 布料	n. 准则; 代号	n. 石头
164	**189**	**214**
n. 裂缝 v. (使) 断裂	n. 法国	v. 分散; 分权
165	**190**	**215**
n. 生理学; 生理机能	a. 坦白的	n. 长列, 大片
166	**191**	**216**
n. 生理学家	ad. 率直地, 坦白地	v. 轻抛 n. 轻抛; 翻转
167	**192**	**217**
n. 奴隶 vi. 苦干	n. 兴趣; 利息	n. 空缺; 空房; 空虚
168	**193**	**218**
n. 奴隶制度; 苦役	n. (一) 张, (一) 片	n. 海岸; 海滨
169	**194**	**219**
n./v. 烦恼, 麻烦	vi. 回答; 做出反应	n. 房地产经纪人
170	**195**	**220**
vt. 使蒙上阴影 vi. 阴云密布	n. 答复; 响应	n. 假期; 休庭期; 腾出
171	**196**	**221**
n. 演讲; 论文	a. 负责任的; 可靠的	adj. 空的; 空洞的 v. 清空
172	**197**	**222**
n./v. 运动; 练习	n. 责任; 义务	adj. 有见识的 n. 见识 v. 理解
173	**198**	**223**
v. 摘; 挑选	v. 繁殖, 生殖; 复制	n. 发言人
174	**199**	
n. 资源; 办法	a. 生殖的; 复制的	
175	**200**	
n. 薄片, 切片	n. 简单; 简朴	

1 slip	26 anti-smoking	51 expectation
2 truck	27 cold	52 expectancy
3 trucking	28 disguise	53 friend
4 cognitive	29 exorable	54 befriend
5 discuss	30 inexorable	55 interpret
6 free	31 Internet-based	56 interpretation
7 freely	32 plain	57 plane
8 freedom	33 smoke	58 sober
9 intermarriage	34 smoking	59 apparent
10 pilot	35 anxiety	60 apparently
11 rest	36 describe	61 appear
12 slit	37 description	62 appearance
13 true	38 expand	63 expend
14 truly	39 expansion	64 expense
15 truth	40 fresh	65 expensive
16 disgrace	41 freshman	66 fright
17 exist	42 interpersonal	67 frightening
18 existential	43 plan	68 planet
19 existing	44 planning	69 retain
20 existence	45 result	70 retention
21 freight	46 smooth	71 collect
22 Internet	47 turn	72 collection
23 place	48 preserve	73 experience
24 small	49 dislike	74 experienced
25 trunk	50 expect	75 frost

[1] vi. 滑倒 n. 疏忽	[26] n. 反对吸烟,禁止吸烟	[51] n. 期待;预期
[2] n. 卡车,载货汽车	[27] a. 寒冷的;冷淡的	[52] n. 预期;期待
[3] n. 货车运输业	[28] n. 伪装;掩饰	[53] n. 朋友,友人
[4] a. 认知的,认识的	[29] a. 可说服的	[54] vt. 与…交朋友
[5] vt. 讨论,商谈	[30] a. 冷酷无情的;不屈不挠的	[55] v. 解释,说明
[6] a. 自由的;免费的 vt. 使自由	[31] a. 基于互联网的	[56] n. 解释,阐明
[7] ad. 自由地;免费地	[32] n. 平原 a. 清楚的	[57] n. 平面;飞机
[8] n. 自由(权);独立自主	[33] n. 烟 v. 抽烟	[58] a. 清醒的,冷静的
[9] n. 异族结婚;近亲结婚	[34] n. 抽烟;冒烟	[59] a. 表面的;明显的
[10] n. 飞行员 vt. 为…领航	[35] n. 焦虑;渴望	[60] ad. 似乎;显然地
[11] n. 休息;其余的人	[36] vt. 描写,描述	[61] vi. 出现;显露
[12] vt. 切开 n. 切口	[37] n. 描写,说明书	[62] n. 出现;外貌
[13] a. 真的,真实的	[38] v. 扩张;(使)膨胀	[63] vt. 消费,花费
[14] ad. 真实地;真正地	[39] n. 扩张;膨胀	[64] n. 花费,消费
[15] n. 真相;真理	[40] a. 新鲜的;新颖的	[65] a. 高价的,昂贵的
[16] n. 丢脸,耻辱	[41] n. 大一新生	[66] n. 惊恐,恐吓
[17] vi. 存在;生存	[42] a. 人与人之间的,人际关系的	[67] a. 令人恐惧的
[18] a. 关于人类存在的	[43] n./v. 计划,打算	[68] n. 行星
[19] a. 现存的;已有的	[44] n. 规划过程	[69] vt. 保持,保留
[20] n. 存在;生存	[45] n. 结果 vi. 导致	[70] n. 滞留
[21] n. 货运 vt. 运送	[46] a. 平滑的 v.(使)光滑	[71] v. 收集;聚集
[22] n. 互联网	[47] v./n. 转动,旋转	[72] n. 收集,聚集
[23] n. 地方 vt. 放置	[48] vt. 保护;保存 n. 保护区	[73] n. 经验;经历
[24] a./ad. 小的(地);少的(地)	[49] vt./n. 不喜爱,厌恶	[74] a. 有经验的,熟练的
[25] n. 树干;皮箱	[50] v. 预期;期望	[75] n. 冰冻,严寒

76 interview	101 lifetime	126 colo(u)r
77 interviewer	102 meanwhile	127 dispose
78 interviewee	103 observation	128 disposable
79 plant	104 overhead	129 disposal
80 retire	105 performer	130 expert
81 retiree	106 Portugal	131 intricate
82 retirement	107 retrospection	132 return
83 social	108 scarcity	133 soft
84 twist	109 shower	134 column
85 aftermath	110 spin	135 explain
86 astonishing	111 successful	136 explanation
87 betray	112 tournament	137 explainable
88 British	113 uneasy	138 introduce
89 claimant	114 chronic	139 play
90 cortisol	115 upper	140 player
91 delighted	116 wealth	141 reveal
92 disconnect	117 workaholic	142 epidemic
93 dual	118 colony	143 soldier
94 genius	119 colonial	144 combat
95 handful	120 experiment	145 combative
96 illness	121 fruit	146 disregard
97 infuriating	122 fruitless	147 full
98 interference	123 retrospect	148 intrude
99 flourish	124 sociology	149 playgoing
100 jolly	125 two-paycheck	150 playgoer

76 □	101 □	126 □
n. 会面；面试	*n.* 寿命；有效期	*n.* 颜色，彩色
77 □	102 □	127 □
n. 面试者；接见者	*ad.* 与此同时；其间	*v.* 布置；处理
78 □	103 □	128 □
n. 被面试者	*n.* 观察；评论	*a.* 可任意处置的；一次性的
79 □	104 □	129 □
vt. 种植 *n.* 植物	*a.* 在头顶上的 *n.* 天花板	*n.* 处理，处置
80 □	105 □	130 □
vi. 撤退；退休	*n.* 执行人；演员	*n.* 专家 *a.* 熟练的
81 □	106 □	131 □
n. 退休人员，退休者	*n.* 葡萄牙	*a.* 错综复杂的；难以理解的
82 □	107 □	132 □
n. 退休；隐居	*n.* 回顾；追溯	*vi./n.* 回来；报答
83 □	108 □	133 □
a. 社交的；社会的	*n.* 缺乏；稀少	*a.* 柔软的；软弱的
84 □	109 □	134 □
v./n. 缠绕；编织	*n.* 淋浴；阵雨 *vi.* 淋浴	*n.* 圆柱；专栏
85 □	110 □	135 □
n. 后果；余波	*vt.* 使旋转；虚构	*vt.* 解释，说明
86 □	111 □	136 □
a. 惊人的；使人惊讶的	*a.* 成功的；达到目的的	*n.* 解释，说明
87 □	112 □	137 □
vt. 背叛；违背	*n.* 比赛，锦标赛	*a.* 可解释的
88 □	113 □	138 □
a. 英国（人）的 *n.* 英国人	*a.* 心神不定的；不确定的	*vt.* 介绍；采用
89 □	114 □	139 □
n. 要求者；原告	*a.* 长期的 *n.* 慢性病	*v.* 扮演 *n.* 戏剧
90 □	115 □	140 □
n. 皮质醇	*a.* 上面的；较高的	*n.* 参加比赛者
91 □	116 □	141 □
a. 高兴的，欢乐的	*n.* 财富	*vt./n.* 揭露；展现
92 □	117 □	142 □
vt. 切断；拆开	*n.* 工作狂	*n.* 流行；流行病
93 □	118 □	143 □
a. 双重的；两部分的	*n.* 殖民地	*n.* 士兵，军人
94 □	119 □	144 □
n. 天才，天赋	*a.* 殖民（地）的 *n.* 殖民地居民	*n./v.* （与…）战斗，（与…）格斗
95 □	120 □	145 □
n. 少数；一把	*n.* 实验	*a.* 好战的，好斗的
96 □	121 □	146 □
n. 疾病	*n.* 水果；成果	*vt./n.* 不顾；漠视
97 □	122 □	147 □
a. 令人大怒的	*a.* 不成功的，无结果的	*a.* 充满的 *ad.* 充分地
98 □	123 □	148 □
n. 干涉；介入	*n./v.* 回想；追忆	*vi.* 闯入
99 □	124 □	149 □
n./vi. 繁荣，兴旺	*n.* 社会学	*n.* 看戏，看话剧
100 □	125 □	150 □
a. 快乐的，欢快的	*a.* 有双份收入的	*n.* 爱看戏的人

151 sole

152 solely

153 combine

154 combination

155 explode

156 explosion

157 fume

158 plea

159 solid

160 solidly

161 come

162 dissatisfaction

163 fun

164 funny

165 invalid

166 invalidate

167 plead

168 review

169 reviewer

170 solve

171 solution

172 comfort

173 function

174 functional

175 invent

176 invention

177 inventor

178 pleasure

179 pleasant

180 revise

181 sonar

182 arbiter

183 distaste

184 distasteful

185 expose

186 exposure

187 fund

188 revive

189 revival

190 soothing

191 arc

192 future

193 plenty

194 revitalize

195 sort

196 comment

197 futurologist

198 pluck

199 soul

200 disturb

201 extent

202 plus

203 reward

204 rewarding

205 sound

206 argument

207 argue

208 invite

209 invitation

210 poach

211 rice

212 soup

213 against

214 better

215 Briton

216 clap

217 cosmos

218 delusion

219 discontinue

220 dwarf

221 enjoyable

222 expire

223 finish

224 genuinely

225 infuse

151	176	201
a. 唯一的；专用的	*n.* 发明，创造	*n.* 宽度；程度
152	**177**	**202**
ad. 唯一地；仅仅	*n.* 发明家	*prep.* 加，加上
153	**178**	**203**
v. (使) 结合,联合	*n.* 愉快,快乐	*n.* 报酬,奖金
154	**179**	**204**
n. 组合	*a.* 令人愉快的,舒适的	*a.* 有报酬的；有益的
155	**180**	**205**
v. (使) 爆炸；(使) 爆发	*v.* 修订；复习	*n.* 声音 *v.* 听起来
156	**181**	**206**
n. 爆炸；爆发	*n* 声呐,声波定位器	*n.* 辩论；论点
157	**182**	**207**
n. 烟,气	*n.* 法官；裁决机构	*vi.* 争论 *vt.* 主张,认为
158	**183**	**208**
n. 请求；辩护	*n./vt.* 不喜欢,厌恶	*vt.* 邀请；吸引
159	**184**	**209**
a. 固体的；坚固的	*a.* 令人厌恶的	*n.* 邀请,招待
160	**185**	**210**
ad. 坚硬地；稳固地	*vt.* 使暴露；揭发	*vt.* 偷猎；侵犯,侵入
161	**186**	**211**
vi. 来,来到	*n.* 暴露；揭发	*n.* 稻,米
162	**187**	**212**
n. 不满	*n.* 资金,基金	*n.* 汤
163	**188**	**213**
n. 娱乐,乐趣	*v.* 恢复,(使) 复苏	*prep.* 反对；对抗
164	**189**	**214**
a. 有趣的	*n.* 复活	*a.* 更好的
165	**190**	**215**
a. 病弱的；无效的	*a.* 安慰的；镇静的	*n.* 英国人
166	**191**	**216**
vt. 使无效,使作废	*n.* 弧,弧形 (物)	*v.* 鼓掌 *n.* 鼓掌
167	**192**	**217**
v. (为…) 辩护；恳求	*n.* 将来；前途	*n.* 宇宙
168	**193**	**218**
v./n. 复审；评论	*a.* 很多的；足够的	*n.* 错觉；欺骗
169	**194**	**219**
n. 评论者,评论家	*vt.* 使复活,使恢复	*v.* (使)停止
170	**195**	**220**
vt. 解答；解决	*n.* 种类 *v.* 整理	*v.* (使) 显得矮小 *n.* 侏儒
171	**196**	**221**
n. 解答；解决	*v./n.* 评论,(发表) 意见	*a.* 快乐的；有乐趣的
172	**197**	**222**
n. 安慰；舒适	*n.* 未来学研究者	*vi.* 到期；终止；断气
173	**198**	**223**
n. 功能；职能	*v.* 采,摘	*v.* 结束,完成
174	**199**	**224**
a. 功能的；具备功能的	*n.* 心灵；灵魂	*ad.* 真诚地；真正地
175	**200**	**225**
vt. 发明,虚构	*vt.* 扰乱,妨碍	*vt.* 注入,使充满

226 kind

227 another

228 important

229 kid

230 chocolate

231 coin

232 quiet

233 hasten

234 thankfully

235 young

236 healthy

237 hundred

238 total

239 roadside

240 meteorologist

241 zoologist

242 mineralogist

243 chemistry

244 caravan

245 caravansary

246 Persian

247 shoestring

248 factoid

249 ostrich

250 folder

251 sequestration

252 greenwash

253 shrub

254 backlog

255 redwood

256 fur

257 waterfall

258 flora

259 fauna

260 entourage

261 darkroom

262 snapshot

263 mogul

264 rogue

265 bison

266 collodion

267 horseback

268 butter

269 duchess

226 　 n. 种类; 性质 a. 和蔼的

227 　 det. 另一个的 pron. 另外的 (人或事物)

228 　 a. 重要的, 重大的

229 　 n. 小孩

230 　 n. 巧克力

231 　 n. 硬币

232 　 n. 安静 a. 安静的

233 　 v. 加速; 催促, (使) 赶紧

234 　 ad. 感谢地; 感激地

235 　 a. 年轻的 n. 年轻人; 幼崽

236 　 a. (有益于) 健康的, 健全的; 发展良好的

237 　 num. 百; 百个 n. 一百; 许多

238 　 a. 全部的 n. 总数

239 　 n. 路边

240 　 n. 气象学家

241 　 n. 动物学家

242 　 n. 矿物学家

243 　 n. 化学

244 　 n. 马拉大篷车; 商旅车队

245 　 n. (商队) 驿站; (马队) 旅舍

246 　 n. 波斯人; 波斯语 adj. 波斯 (人) 的; 波斯语的

247 　 n. 鞋带; 小额资金 adj. 小本经营的; 微弱的

248 　 n. 八卦消息, 趣闻

249 　 n. 鸵鸟; 逃避现实者

250 　 n. 文件夹

251 　 n. 隔离; 扣押, 封存

252 　 n. (尤指为树立环保假形象的) 漂绿

253 　 n. 灌木 (丛)

254 　 n. 积压的工作

255 　 n. 红杉树

256 　 n. 毛皮; 皮草

257 　 n. 瀑布

258 　 n. 植物群

259 　 n. 动物群

260 　 n. 随行人员; 周围环境

261 　 n. (冲洗底片的) 暗室

262 　 n. 快照, 抓拍; 简述

263 　 n. 大亨; 显要人物

264 　 n. 流氓 adj. 行为失常的 v. 去杂

265 　 n. 野牛

266 　 n. 火棉胶; 胶棉

267 　 n. 马背 adj. 性急草率的; 考虑不充分的

268 　 n. 黄油; 奶油 vt. 涂黄油于

269 　 n. 公爵夫人

1 interim
2 jury
3 line-up
4 medicaid
5 monthly
6 occasionally
7 overly
8 persuasion
9 refocus
10 revelation
11 inherent
12 inherently
13 scattered
14 silly
15 spirit
16 successive
17 tragedy
18 unemployed
19 upstart
20 wealthy
21 workday
22 circuit
23 Arizona
24 divide
25 divisive

26 undivided
27 involve
28 involved
29 pocket
30 rich
31 richness
32 source
33 arm
34 document
35 poet
36 poetry
37 around
38 common
39 commonly
40 commonness
41 domain
42 point
43 pointed
44 ride
45 sow
46 arrange
47 irrelevant
48 pointless
49 ridge
50 space

51 community
52 eye
53 irresponsibility
54 poison
55 poisonous
56 right
57 rightly
58 span
59 arrive
60 arrival
61 issue
62 pole
63 righteous
64 spear
65 company
66 doom
67 item
68 policy
69 political
70 politically
71 politician
72 politics
73 rim
74 arrow
75 compare

1	26	51
a. 临时的, 暂时的	*a.* 专注的; 完整的	*n.* 社区; 团体
2	27	52
n. 陪审团	*vt.* 涉及; 使参与	*n.* 眼睛; 眼光
3	28	53
n. 一组; 队列	*a.* 混乱的; 涉及的	*n.* 不负责任
4	29	54
n. 医疗救助计划	*n.* 口袋 *a.* 袖珍的	*n.* 毒药 *vt.* 毒害
5	30	55
a. 每月的 *n.* 月刊	*a.* 富裕的, 富有的	*a.* 有毒的; 恶毒的
6	31	56
ad. 偶然地; 偶尔地	*n.* 富裕, 富有	*a.* 正确的 *n.* 权利
7	32	57
ad. 过度地; 极度地	*n.* 源泉; 来源	*ad.* 正确地; 理所当然地
8	33	58
n. 说服; 信仰	*n.* 武器 *vi.* 武装起来	*n.* 跨度; 一段时间
9	34	59
vt. 重新关注; 重新聚焦	*n.* 文件 *vt.* 记载	*vi.* 到达, 到来
10	35	60
n. 揭露; 内情	*n.* 诗人	*n.* 到达; 到达的人 (或物)
11	36	61
a. 内在的, 固有的	*n.* 诗, 诗歌	*v.* 发布 *n.* 问题
12	37	62
ad. 内在地; 天性地	*ad.* 环绕; 到处 *prep.* 在…周围	*n.* 杆; 极
13	38	63
a. 分散的, 散布的	*a.* 公众的; 普通的	*a.* 正当的; 公正的
14	39	64
a. 愚蠢的; 没头脑的	*ad.* 通常地, 一般地	*n.* 矛, 标枪
15	40	65
n. 精神; 情绪	*n.* 普通, 平凡	*n.* 公司; 陪伴
16	41	66
a. 连续的; 继承的	*n.* 领土, 领域	*n.* 厄运 *vt.* 注定
17	42	67
n. 灾难	*n.* 分数	*n.* 条款; 物体
18	43	68
a. 未被雇用的; 失业的	*a.* 尖锐的; 率直的	*n.* 政策, 方针
19	44	69
n. 暴发户; 自命不凡的人	*v./n.* 骑马, 乘车	*a.* 政治 (上) 的
20	45	70
a. 富有的	*v.* 播 (种) *n.* (老) 母猪	*ad.* 政治上地
21	46	71
n. 工作日	*v.* 安排; 布置	*n.* 政治家, 政客
22	47	72
n. 环形; 巡回	*a.* 不恰当的; 不相干的	*n.* 政治, 政治学
23	48	73
n. 亚利桑那 (州)	*a.* 无意义的	*n.* 边缘; 眼镜框
24	49	74
v. 分割, 划分	*n.* 山岭; 屋脊	*n.* 箭; 箭状物
25	50	75
a. 分裂的; 区分的	*n.* 空间; 空白	*v.* 比较, 相比

76 comparative	101 popular	126 rival
77 comparatively	102 popularity	127 sphere
78 comparison	103 popularize	128 ask
79 policymaker	104 rise	129 complain
80 ring	105 raise	130 complaint
81 species	106 arise	131 drag
82 art	107 arouse	132 river
83 artist	108 spell	133 spit
84 artistic	109 downgrade	134 spot
85 artwork	110 population	135 complete
86 compass	111 populate	136 completely
87 double	112 spend	137 drain
88 pool	113 spending	138 pose
89 rip	114 aside	139 road
90 arthritis	115 evaluate	140 complicate
91 doubt	116 evaluation	141 complicated
92 doubtful	117 compete	142 complex
93 doubtless	118 competition	143 complexity
94 doubter	119 competitor	144 robust
95 poor	120 competitive	145 splash
96 poverty	121 competing	146 draw
97 ripe	122 dozen	147 rock
98 article	123 pore	148 split
99 down	124 mobile	149 split-second
100 download	125 mobilize	150 athlete

76 a. 比较的	**101** a. 大众的, 流行的	**126** a. 对抗的 n. 对手
77 ad. 比较地, 相对地	**102** n. 流行; 通俗化	**127** n. 球体; 领域
78 n. 比较; 类似	**103** vt. 使流行; 使通俗化	**128** vt. 问, 询问
79 n. 决策者	**104** vi./n. 升起; 上涨	**129** vi. 抱怨; 控诉
80 n. 戒指 vi. 鸣, 响	**105** vt. 举起, 使高升	**130** n. 抱怨; 投诉
81 n 种类; 物种	**106** vi. 产生, 出现	**131** vt. 拖拉; 拖着(脚等)行进
82 n. 艺术(品), 美术(品)	**107** vt. 唤醒; 唤起	**132** n. 江河, 河流
83 n. 艺术家, 美术家	**108** vt. 用字母拼写; 导致	**133** vi. 吐, 吐唾沫
84 a. 艺术家的	**109** vt. 使降低, 使降级	**134** n. 斑点; 污点, 污渍
85 n. 艺术品	**110** n. 人口; 全部居民	**135** a. 完整的; 完成的
86 vt. 包围 n. 指南针	**111** vt. 居住于; 移民于	**136** ad. 完整地; 完全地
87 a. 两倍的 v.(使)加倍	**112** vt. 花钱, 花费	**137** vt. 排出 n. 消耗
88 n. 共同资金; 联营	**113** n. 开销, 费用	**138** n. 姿势 v. 摆姿势
89 n. 裂口, 裂缝	**114** ad. 在旁边 n. 旁白	**139** n. 路; 手段
90 n. 关节炎	**115** vt. 估价; 评价	**140** vt. 使复杂; 使恶化
91 vt./n. 怀疑; 不相信	**116** n. 估价, 估算	**141** a. 错综复杂的; 难懂的
92 a. 怀疑的; 可疑的	**117** vi. 比赛; 竞争	**142** a. 复杂的
93 ad. 无疑地, 肯定地	**118** n. 比赛; 竞争	**143** n. 复杂(性), 错综(性)
94 n. 怀疑者	**119** n. 竞争者	**144** a. 强健的; 结实的
95 a. 贫穷的; 贫乏的	**120** a. 竞争的, 比赛的	**145** v. 泼
96 n. 贫穷; 贫乏	**121** a. 抵触的; 竞争的	**146** vt. 拖拉; 画, 划
97 a. 成熟的; 时机成熟的	**122** n. 一打; 许多	**147** n. 岩石, 石块
98 n. 文章; 物品	**123** n. 毛孔; 小孔	**148** n. 分裂; 裂口
99 ad. 向下; 在下面	**124** a. 可移动的, 能活动的	**149** a. 瞬间发生的
100 n. 下载 vt. 下载	**125** v. 动员, 调动	**150** n. 运动员

151 bidder	176 terrify	201 spotlight
152 broadband	177 unintentionally	202 conception
153 clarity	178 urgent	203 concept
154 costless	179 urgency	204 conceive
155 disengage	180 weapon	205 drip
156 dweller	181 workload	206 potato
157 explicitly	182 fluctuate	207 root
158 fire-prone	183 fluctuation	208 spouse
159 guilt-prone	184 drawn	209 drive
160 giant	185 possible	210 driver
161 handsome	186 possibility	211 rose
162 illusory	187 rocket	212 rosy
163 inhabitant	188 assess	213 spread
164 internal	189 assessment	214 drop
165 kingdom	190 dream	215 pound
166 medication	191 post	216 pour
167 mood	192 role	217 spur
168 offering	193 dress	218 concert
169 overpack	194 postmodern	219 concertgoer
170 prairie	195 roll	220 drug
171 refrain	196 spook	221 drugstore
172 revolutionize	197 drift	222 power
173 simplify	198 posture	223 powerful
174 squeeze	199 romantic	224 round
175 suck	200 romance	225 spy

151 n. 出价人; 投标人	**176** vt. 使极度害怕	**201** n. 关注点 vt. 使突出
152 n. 宽带	**177** ad. 非故意地	**202** n. 设想, 构想
153 n. 清楚易懂; 清晰 (度)	**178** a. 急迫的; 紧迫的	**203** n. 概念; 思想
154 a. 无需成本的	**179** n. 紧急	**204** v. 设想, 构思
155 v. (使) 分开, (使) 脱离	**180** n. 武器; 工具	**205** vi. 滴下
156 n. 居民	**181** n. 工作量	**206** n. 土豆, 马铃薯
157 ad. 明确地, 明白地	**182** v. (使) 波动, 起伏	**207** n. 根基; 根源
158 a. 容易引发火灾的	**183** n. 波动, 起伏	**208** n. 配偶
159 a. 有内疚倾向的	**184** a. 疲惫的; 愁眉苦脸的	**209** v. 驾驶; 驱使
160 a. 巨大的 n. 大企业	**185** a. 可能的; 可能存在的	**210** n. 驾驶员
161 a. 可观的, 相当大的	**186** n. 可能性	**211** n. 蔷薇花, 玫瑰
162 a. 虚幻的; 不切实际的	**187** n. 火箭 vi. 飞速上升	**212** a. 美好的; 玫瑰色的
163 n. 居民	**188** vt. 评估; 评价	**213** v./n. (使) 伸展, (使) 传播
164 a. 内部的; 国内的	**189** n. 评估; 评价	**214** v. 落下 n. (一) 滴
165 n. 王国; 界, 领域	**190** n. 梦想 vi. 做梦	**215** vt. 猛击 n. 英镑
166 n. 药物	**191** n. 职位; 邮政 vt. 邮寄	**216** v. 倒; 倾盆而下
167 n. 情绪; 心境	**192** n. 角色; 作用	**217** n. 刺激 (物), 激励
168 n. 提议, 提供	**193** n. 连衣裙; 长袍	**218** n. 一致; 音乐会
169 n. 过度包装	**194** a. 后现代主义的	**219** n. 经常去听音乐会的人
170 n. 大草原, 大牧场	**195** v./n. 卷; 滚动	**220** n. 药材; 毒品
171 vi. 节制, 克制	**196** vt. 恐吓	**221** n. 药房; 杂货店
172 vt. 使发生巨变; 彻底改革	**197** v./n. 漂流, 漂泊	**222** n. 力, 力量; 权力
173 vt. 简化, 使简洁	**198** n. 姿态; 态度	**223** a. 强大的; 有权势的
174 v. 压榨 n. 压榨; 挤压	**199** a. 浪漫 (主义) 的; 传奇性的	**224** a. 圆的, 圆形的 ad. 循环地
175 v. 吮吸, 吸取	**200** n. 浪漫情调; 浪漫文学	**225** n. 间谍; 暗中监视

226 □
lock

227 □
otherwise

228 □
farm

229 □
farmer

230 □
perhaps

231 □
single

232 □
third

233 □
either

234 □
corn

235 □
cotton

236 □
soybean

237 □
wheat

238 □
straw

239 □
strawberry

240 □
dairy

226
v. 锁上

227
ad. 否则；另外

228
n. 农场，农庄

229
n. 农夫，农民

230
ad. 或许，大概，可能

231
a. 单身的

232
n. 第三 *a.* 第三的

233
det./pron. (两者中) 任何一个

234
n. [美] 玉米

235
n. 棉花

236
n. 大豆

237
n. 小麦

238
n. 吸管

239
n. 草莓

240
a. 乳品的 *n.* 牛奶场；乳品场

List 20

1 dry	26 stain	51 attendant
2 effect	27 confident	52 prefrontal
3 effective	28 during	53 rut
4 effectively	29 predator	54 standard
5 ineffectiveness	30 ruin	55 standardize
6 practice	31 dust	56 standardized
7 practical	32 predict	57 attitude
8 practically	33 prediction	58 confuse
9 route	34 predictable	59 confusion
10 spymaster	35 unpredictable	60 confusing
11 asteroid	36 rule	61 attorney
12 due	37 ruling	62 prehistoric
13 praise	38 duty	63 star
14 stable	39 preface	64 airport
15 stability	40 run	65 attraction
16 condition	41 stamina	66 biologist
17 dumb	42 prefer	67 broadly
18 row	43 preferable	68 confidence
19 staff	44 preference	69 couch
20 astray	45 rush	70 democrat
21 precious	46 stand	71 dishonest
22 royal	47 attend	72 ecology
23 stage	48 attention	73 expression
24 durable	49 attentive	74 first-timer
25 crude	50 attendance	75 glory

1 a. 干燥的; 枯燥乏味的	**26** v. 玷污; 染色	**51** a. 出席的 n. 服务员
2 n. 结果 vt. 实现	**27** a. 自信的, 充满信心的	**52** a. 前额的
3 a. 有效的; 生效的	**28** prep. 在…期间	**53** n. 车辙; 惯例
4 ad. 有效地; 生效地	**29** n. 捕食者; 食肉动物	**54** n. 标准, 规格
5 n. 无效	**30** n. 毁灭; 废墟	**55** vt. 使标准化; 使统一
6 n. 练习; 实践	**31** n. 尘土; 垃圾	**56** a. 标准的; 定型的
7 a. 实际的; 实用的	**32** v. 预告, 预报	**57** n. 态度, 看法
8 ad. 实际上, 事实上	**33** n. 预告, 预报	**58** vt. 使混乱; 使困惑
9 n. 路线; 路程	**34** a. 可预知的	**59** n. 混乱 (状况); 困惑
10 n. 间谍组织的首脑	**35** a. 出乎意料的	**60** a. 使人困惑的
11 n. 小行星	**36** n. 规则, 规定 v. 统治; 做出裁决	**61** n. 律师
12 a. 应支付的 n. 应得之物	**37** a. 统治的, 支配的	**62** a. 史前的
13 n./v. 赞美, 表扬	**38** n. 税; 责任	**63** n. 星星; 明星
14 a. 稳定的; 坚定的	**39** n. 序言, 前言	**64** n. 机场
15 n. 稳定性	**40** vi. 跑; 运转	**65** n. 吸引 (力)
16 n. 情况; 条件	**41** n. 体力; 耐力	**66** n. 生物学家
17 a. 哑的; 无言的	**42** vt. 更喜欢; 宁可	**67** ad. 宽广地; 大致上
18 n. 排, 行 vi. 争吵	**43** a. 更好的, 更合意的	**68** n. 信任; 信心
19 n. 办公人员, 全体职员	**44** n. 偏爱; 优先 (权)	**69** n. 长沙发; 诊察台 v. 表达
20 a./ad. 迷路的 (地)	**45** v./n. 仓促行动	**70** n. 民主主义者
21 a. 贵重的, 珍贵的	**46** v. (使) 站立	**71** a. 不诚实的; 不可靠的
22 a. 皇家的; 高贵的	**47** v. 参加; 注意	**72** n. 生态学
23 n. 舞台; 阶段	**48** n. 注意, 留心	**73** n. 表达; 表情
24 a. 经久的 n. 耐用品	**49** a. 注意的, 留心的	**74** n. 新手
25 a. 天然的; 粗糙的	**50** n. 出席; 护理	**75** n. 光荣 vi. 因…而喜悦

76 happen

77 immediately

78 location

79 member

80 membership

81 moola

82 offline

83 overpay

84 phone

85 precondition

86 protest

87 refuge

88 rhetoric

89 site

90 standstill

91 sue

92 terrorist

93 training

94 unity

95 useful

96 usefulness

97 website

98 conjunction

99 start

100 auction

101 auctioneer

102 startle

103 startling

104 audience

105 campaign

106 prepare

107 preparation

108 state

109 statesman

110 statement

111 audit

112 auditor

113 statistics

114 augment

115 consent

116 program(me)

117 programming

118 status

119 progress

120 progressive

121 author

122 authority

123 authorise

124 authorisation

125 project

126 stay

127 consider

128 considerable

129 considerably

130 consideration

131 steal

132 stolen

133 automotive

134 promise

135 steelworker

136 autopilot

137 steep

138 average

139 pronounce

140 pronounced

141 pronouncement

142 steward

143 avoid

144 proof

145 prove

146 Avon

147 awake

148 awaken

149 consume

150 consumer

76 *vi.* 发生；遭到	**101** *n.* 拍卖商	**126** *v./n.* 停留；保持
77 *ad.* 立即 *conj.* 一⋯就⋯	**102** *v.* (使) 惊吓；(使) 吃惊	**127** *v.* 考虑；认为
78 *n.* 位置；外景拍摄地	**103** *a.* 惊人的	**128** *a.* 相当大的, 相当多的
79 *n.* 成员；会员	**104** *n.* 听众	**129** *ad.* 相当地, 非常
80 *n.* 成员；会员身份	**105** *n.* 战役；活动	**130** *n.* 考虑；关心
81 *n.* 金钱, 钞票	**106** *v.* 准备, 预备	**131** *v.* 偷；窃取
82 *a.* 离线的	**107** *n.* 准备	**132** *a.* 被偷的, 偷走的
83 *vt.* 给⋯过高报酬	**108** *vt.* 陈述 *n.* 状况；州	**133** *a.* 机动的
84 *n.* 电话 *v.* (给⋯) 打电话	**109** *n.* 政治家	**134** *n.* 承诺, 诺言
85 *n.* 先决条件, 前提	**110** *n.* 陈述；声明	**135** *n.* 钢铁工人
86 *v./n.* 抗议；提出异议	**111** *n./vi.* 审计 *vt.* 旁听	**136** *n.* 自动驾驶仪
87 *n.* 庇护 (所)；逃避	**112** *n.* 审计员	**137** *a.* 陡峭的 *n.* 悬崖
88 *n.* 花言巧语；修辞 (学)	**113** *n.* 统计数字, 统计资料	**138** *a.* 平均的
89 *n.* 地点；网站 *vt.* 使坐落于	**114** *v.* 增大；增加	**139** *v.* 发音；宣判
90 *n.* 停顿；停滞	**115** *vi./n.* 同意, 赞成	**140** *a.* 明确的；显著的
91 *v.* 控告, 起诉	**116** *n.* 计划；程序表	**141** *n.* 声明；判决
92 *n.* 恐怖分子	**117** *n.* 设计, 规划；编程	**142** *n.* 服务员；管家
93 *n.* 训练, 培训	**118** *n.* 地位, 身份	**143** *vt.* 躲开；避免
94 *n.* 统一；团结	**119** *n.* 前进；进展	**144** *n.* 证据
95 *a.* 有用的, 有益的；有帮助的	**120** *a.* 先进的, 进步的	**145** *vt.* 证明, 证实
96 *n.* 有用, 有益	**121** *n.* 作者；创始人	**146** *n.* 埃文河
97 *n.* 网站	**122** *n.* 权威；官方；权力	**147** *vt.* 唤醒 *a.* 清醒的
98 *n.* 联合；连接	**123** *vt.* 授权；批准	**148** *v.* 唤醒；意识到
99 *v.* 开始；出发	**124** *n.* 授权；批准	**149** *v.* 消耗, 用尽
100 *n./vt.* 拍卖	**125** *n.* 工程, 项目	**150** *n.* 消费者, 用户

151 consumption	176 strategic	201 content
152 proper	177 immersive	202 credit
153 properly	178 initially	203 fetch
154 award	179 lag	204 indulge
155 property	180 logically	205 indulgent
156 journal	181 off-plan	206 indulgence
157 journalist	182 oversee	207 lazy
158 journalism	183 photograph	208 rid
159 sting	184 province	209 sea
160 alarmingly	185 regarding	210 spite
161 attractiveness	186 absolute	211 stock
162 bite-sized	187 absolutist	212 trap
163 buck	188 rigid	213 *trapped
164 clear-cut	189 screen	214 underlying
165 connected	190 skin-deep	215 unemployment
166 counterproductive	191 starry	216 almost
167 Denmark	192 thesis	217 berry
168 Danish	193 unleash	218 video
169 disrespect	194 vehicle	219 however
170 economically	195 welcome	220 bag
171 entitlement	196 worthwhile	221 quit
172 fitter	197 aware	222 bit
173 goal	198 awareness	223 among
174 happiness	199 unaware	224 town
175 strategy	200 contain	225 might

注：trapped 是动词 trap 的过去分词，在语法意义上可作形容词使用。

151 n. 消耗量, 消费量	**176** a. 战略的; 至关重要的	**201** n. 容量; 内容; 目录
152 a. 恰当的; 适合的	**177** a. 身临其境的; 沉浸式的	**202** n. 信用 vt. 相信
153 ad. 恰当地; 正当地	**178** ad. 最初, 开始	**203** vt. 拿来; 请来
154 vt. 授予 n. 奖品	**179** vi. 落后; 走得慢 n. 滞后	**204** v. 纵容; 沉溺 (于)
155 n. 资产; 所有权	**180** ad. 逻辑上	**205** a. 纵容的
156 n. 日报; 杂志	**181** a. 计划之外的	**206** n. 宽容, 迁就; 沉迷
157 n. 记者, 新闻工作者	**182** vt. 监督, 监视	**207** a. 懒惰的, 懒散的
158 n. 新闻工作; 新闻业	**183** n. 照片 v. 照相	**208** vt. 使摆脱, 使去掉
159 v./n. 刺; 刺痛	**184** n. 省份; 领域	**209** n. 海洋; 海浪
160 ad. 让人忧虑地	**185** prep. 关于, 至于	**210** n. 恶意 vt. 恶意对待
161 n. 吸引力; 魅力	**186** a. 绝对的, 完全的	**211** n. 股票 vt. 储存
162 a. 正好入口的	**187** n. 专制主义者; 绝对论者	**212** n. 陷阱, 圈套
163 n. 美元; 澳币 v. 抵抗, 反抗	**188** a. 严格的	**213** a. 陷入困境的, 受困的
164 a. 轮廓清晰的; 易识别的	**189** n. 屏幕 vt. 遮挡, 掩蔽	**214** a. 含蓄的; 潜在的
165 a. 有关联的; 有联系的	**190** a. 肤浅的; 表面的	**215** n. 失业, 失业状态
166 a. 适得其反的	**191** a. 繁星满天的	**216** ad. 差不多, 几乎
167 n. 丹麦	**192** n. 论文; 论点	**217** n. 浆果
168 a. 丹麦的 n. 丹麦语	**193** vt. 释放; 解除…的束缚	**218** n. 视频, 录像
169 n. 不尊敬, 无礼	**194** n. 工具, 媒介; 车辆	**219** ad. 然而, 可是
170 ad. 在经济上; 节俭地	**195** vt. 欢迎; 迎接	**220** n. 包; 袋子
171 n. 应得的权利, 资格	**196** a. 值得做的; 有价值的	**221** v. 离开; 放弃
172 n. 装配工 a. 适当的	**197** a. 察觉的; 知道的	**222** n. 少量; 一点
173 n. 目标; 目的	**198** n. 知道; 意识	**223** prep. 在…之中; 在…之间
174 n. 幸福	**199** a. 不知道的; 未察觉到的	**224** n. 城镇, 市镇; 市内商业区
175 n. 战略; 对策	**200** vt. 包含; 容纳	**225** aux. 可能, 也许, 可以

226

badly

227

tide

226
ad. 严重地；坏地，恶劣地
227
n. 趋势；潮，潮汐